RELATION HISTORIQUE

DU

SIÉGE DE BITCHE

CAMPAGNE DE 1870-1871

ANNECY. — IMPRIMERIE PERRISSIN ET Cie

FORTERESSE DE BITCHE

CAMPAGNE DE 1870-1871

RELATION HISTORIQUE

DU

SIÉGE DE BITCHE

PAR

C. PRADAL

Receveur principal des Douanes,
ex-sous-inspecteur,
Commandant en second du 4ᵐᵉ bataillon des Douanes mobilisées.

ANNECY
A. L'HOSTE, LIBRAIRE-ÉDITEUR
Place Notre-Dame.

1875

Annecy, le 20 août 1875.

En quittant Bitche, le 25 mars 1871, je me proposais de faire le récit du siége; mais ma position de fonctionnaire m'ayant forcé de rester sur la nouvelle frontière et sous le joug de nos vainqueurs, je n'eus pas le désir, pendant l'occupation étrangère, de livrer mon ouvrage à la publicité, pensant, d'ailleurs, que de plus habiles que moi sauraient révéler le dévouement plein et absolu des braves qui ont su tenir nos envahisseurs en échec pendant la durée de la guerre.

En effet, des écrits plus ou moins

exacts ont paru sur ce mémorable siége, mais tous, en général, ont laissé dans l'ombre les services spéciaux du 4ᵉ bataillon des douanes. C'est pour mettre en relief ces services que je me suis imposé le devoir de publier mon ouvrage. Il aura toujours, pour le corps des douanes, son actualité, et pour le public, l'avantage d'un exposé historique des événements du siége.

Ces événements ont été écrits jour par jour. Je les publie ainsi sous forme de journal. Puissent-ils être lus avec intérêt par tout le monde et particulièrement par les agents de l'administration des douanes qui, en appréciant le but de mon travail, le jugeront, je l'espère, avec indulgence.

PRADAL.

RELATION HISTORIQUE

DU

SIÉGE DE BITCHE

Un décret du 26 juillet 1870 a mobilisé le service des douanes dans les directions de Metz et de Strasbourg pour former, en exécution des ordonnances de 1831 et de 1832, deux légions de douanes françaises attachées à l'armée du Rhin; la première, ayant son quartier général à Metz, sous le commandement du directeur, colonel, M. Willemin ; la seconde à Strasbourg, sous le commandement du directeur, colonel, M. Marcotte.

Par une décision du major général de l'armée, M. Lebœuf, en date du 30 juillet, notifiée à l'inspecteur des douanes, M. Narrat, l'inspection de Bitche, formant le 4e bataillon, est appelée à se rassembler dans cette dernière résidence pour y tenir garnison.

Ce bataillon, composé des trois capitaineries des douanes de l'inspection, forme trois compagnies dont l'effectif s'élève ensemble à 226 hommes, se composant ainsi :

MM.

Narrat, inspecteur à Bitche, chef de bataillon ;

Pradal, sous-inspecteur à Sarreguemines, chef de bataillon ;

Thilmont, lieutenant à Neunkirch, capitaine adjudant-major ;

Genin, capitaine à Sarraguemines, capitaine de la 1re compagnie ;

Jeannot, capitaine à Rimling, capitaine de la 2e compagnie ;

Dumont, capitaine à Haspelschiedt, capitaine de la 3e compagnie ;

Mangin, lieutenant à Welferding, lieutenant de la 1re compagnie ;

Mayer, lieutenant à Breidenbach, sous-lieutenant de la 1re compagnie ;

Buzy, lieutenant à Erching, lieutenant de la 2e compagnie ;

Lamy, lieutenant à Volmunster, sous-lieutenant de la 2e compagnie ;

Laurent, lieutenant à Liederschiedt, lieutenant de la 3e compagnie ;

Reitz, brigadier à Ormerswiller, sous-lieutenant de la 3e compagnie ;

Un adjudant sous-officier ;

Trois sergents-majors ;

Quinze sergents et fourriers ;

Vingt-cinq caporaux ;

Trois tambours et clairons ;
Cent soixante-sept fusiliers.

En exécution des ordres donnés par le colonel, le bataillon s'est réuni à Bitche le 4 août 1870. C'est à partir de cette époque que nous nous proposons de faire connaître à nos lecteurs, jour par jour, les événements qui se sont produits, dans cette place, pendant la durée du siége.

4 AOUT 1870.

En qualité de sous-inspecteur des douanes à Sarraguemines et de chef de bataillon, nous prenons, dès le 3 août, auprès de l'autorité militaire, les mesures nécessaires pour assurer le transport gratuit, par le chemin de fer, de la 1re compagnie des douanes, commandée par le capitaine Genin.

Le 4 août, à huit heures du matin, le train transportant la colonne se met en marche vers le fort de Bitche où elle touche sans encombre vers dix heures et demie.

Le chef de bataillon en premier, M. Narrat, prévenu de notre arrivée, se rend à la gare, où il prend immédiatement le commandement de la compagnie pour la conduire sous les tilleuls du fort où se trouvaient déjà la 2e et la 3e colonne. Il passe la revue du bataillon et rentre en ville où des billets de logement sont distribués.

Un mot sur cette petite ville : Bitche est fortifié de remparts s'étendant sur un périmètre d'environ un kilomètre ; leur force principale se trouve du côté nord-ouest, où il existe cependant une solution de continuité très dangereuse. Cette ville, chef-lieu de canton, à 32 kilomètres de Sarraguemines, est située dans un bas-fond dont la forme, examinée des hauteurs de la Rosselle, ressemble à un entonnoir.

La ville, dont la population ne doit pas

dépasser le chiffre de 2,500 habitants, se développe, sous la forme d'un fer à cheval irrégulier, autour du fort, du nord-est, à partir de la porte de Landeau jusqu'à la porte de Strasbourg située au sud-est, et vers Sarreguemines où s'élèvent des maisons d'assez mince apparence. Les constructions, appropriées suivant l'aisance des habitants, ne sont généralement qu'à un étage et présentent un aspect de propreté irréprochable. Des magasins convenablement fournis témoignent d'une certaine importance dans le commerce de détail.

Le fort, construit par Vauban, présente une forme oblongue s'étendant du nord au midi, divisée en trois pignons se reliant ensemble, à la partie supérieure, par deux ponts volants, et, dans les soubassements, par des souterrains creusés dans le roc.

Du premier pignon, celui du nord, qu'on nomme Grosse-Tête, à celui du sud, désigné sous le nom de Petite-Tête, il y a une étendue d'environ 500 mètres sur 50 mètres de large. L'élévation du fort, à partir du sol, peut être de 200 mètres. Les parties intérieures qui forment les casemates sont entièrement fouillées dans le granit offrant pour résistance à l'épreuve du canon deux mètres cinquante et plus sur presque tout leur pourtour.

Les parties extérieures offrant des accidents de roc sont revêtues de parements en pierre de taille d'une certaine force, mais insuffisants, cependant, pour résister aux effets puissants de l'artillerie moderne.

Ainsi, en admettant que, par des efforts inouïs d'un tir persistant, l'ennemi parvienne à dépouiller le fort de ses parements, il aurait encore à lutter, pour faire brèche, contre un roc d'une puissance telle qu'il demeure impossible de calculer la force matérielle que l'ennemi aurait à déployer pour arriver à une solution.

La citadelle de Bitche se défend donc par

elle-même, et, à moins d'une trahison, elle restera toujours imprenable.

Nous ne parlerons pas des constructions modernes établies sur les terrasses du fort. Elles ne sauraient résister aux effets d'un bombardement, et, d'avance, le sacrifice en est fait. Les Bavarois ou les Prussiens peuvent dès lors, à leur gré, exercer la justesse de leur tir sur ces édifices, mais une fois leur destruction accomplie, ils auront atteint le *nec plus ultra* de leurs efforts et n'auront qu'à s'incliner devant la puissante majesté de la nature.

Revenons à notre récit : Muni de billets de logement, le bataillon s'occupait de son installation provisoire en attendant le casernement. Les officiers avaient été réunis par le commandant, M. Narrat, qui leur avait offert la bienvenue. Ils sortaient de déjeuner, lorsqu'un émissaire vint leur annoncer, au nom du commandant de place,

M. Teyssier, que les Prussiens étaient sur les hauteurs et qu'il fallait, sur le champ, réunir le bataillon pour monter au fort. Triste digestif d'un bon déjeuner !

A peine l'émissaire dont nous venons de parler sortait de chez l'inspecteur des douanes, que le commandant de place lui-même, vivement impressionné, se présentait pour reproduire ses ordres, ajoutant, avec l'accent de la prière, qu'il n'y avait pas un instant à perdre.

Il n'y avait plus à hésiter, la position paraissait grave et tous les officiers, gagnés par l'émotion du commandant de place, font leur possible pour se rendre au fort sans délai.....

Le bataillon s'y trouve vers quatre heures. Les officiers et les préposés sont immédiatement installés, les uns en caserne, les autres en chambre, tous à peu près munis du nécessaire pour le couchage.

Les commandants du bataillon, MM. Narrat et Pradal (1), après avoir pris quelques dispositions dans l'intérêt du service et dans celui des hommes, descendent en ville. Ils avaient, au reste, été informés que la prétendue présence des Prussiens sur les hauteurs était une fausse alerte, due à un renseignement erroné fourni par un ancien percepteur qui, paraît-il, servait d'espion dans les deux camps.

5 ET 6 AOUT 1870.

Des mesures cependant sont prises et nous apprenons, le 5 août au soir, que la division de Failly, formant le 5e corps, se rend à Bitche. Nous voyons en effet, dès le matin du 6, sous les murs de la place, développée en tirailleurs, dans la plaine nord-

---

(1) Désormais, afin d'éviter toute confusion, l'auteur sera désigné sous la qualification de Major, qui lui a été dévolue par suite des attributions spéciales qui lui ont été conférées dans le bataillon.

est du fort, une grande partie de cette division.

Nous ne sommes pas militaires et moins encore stratégistes; nous n'avons, dès lors, ni la compétence ni l'autorité nécessaires pour juger cette mesure qui est généralement critiquée. Un développement de forces sous les murs du château armé de Bitche n'est justifié aux yeux de personne, le canon se faisant entendre dans la direction de Niederbronn où un engagement avait sûrement lieu avec le corps du maréchal de Mac-Mahon. Mais le général de Failly, trompé par de faux renseignements, craignait l'attaque d'une armée de 20,000 hommes qu'on lui avait dit exister de l'autre côté de la frontière, et malgré le principe militaire: *qu'on doit toujours courir au canon,* le général perd toute une journée à attendre inutilement l'ennemi.

Le commandant et le major du bataillon des douanes montent de très bonne heure au fort. Mis en rapport avec le commandant de place, ils sont informés que la garde du château est laissée uniquement au bataillon des douanes.

La note suivante est remise au commandant :

Ordre de la place.

« Choisir parmi les douaniers ceux qui
« ont été artilleurs et les faire organiser
« de suite pour tirer au besoin. D'autres
« de leurs camarades leur seront adjoints
« pour la manœuvre des pièces.

« Bitche, le 4 août, 4 h. 1/2 soir.

« Le Commandant de la place,

« Signé : TEYSSIER.

« *P.-S.* — Prière à l'officier le plus an-
« cien ou le plus élevé en grade d'assurer
« l'exécution de cet ordre. »

Nous nous récrions contre cette mesure, alléguant avec raison que les douaniers étaient incapables de tirer le canon, et que, dans le cas de siége, il serait impossible de défendre la place.

M. Teyssier fait un appel aux efforts de tous et des dispositions sont prises immédiatement pour mettre le fort en état de défense : M. Rossin, capitaine d'artillerie en retraite retiré à Bitche, fait des offres de service pour dresser les douaniers au maniement des pièces d'artillerie. Tout le monde, maître et élèves, se met courageusement à l'œuvre.

Ici nos sens se navrent: nous constatons la plus affligeante incurie de la part de l'administration militaire ; les pièces de canon n'étaient pas en état de fonctionner ; la plupart des cheminées étaient bouchées, quelques pièces se trouvaient à demi remplies d'eau, de pierres et de sable. Disons de suite pour la justification des officiers qui se trouvent actuellement à la tête de cette administration, qu'ils sont tous de récentes promotions et qu'on ne saurait en aucune façon les rendre responsables de la situation.

Un grand mouvement de troupes s'accomplit. Une partie du corps du général de Failly se met en marche vers Niederbronn. La situation s'aggrave.

Plusieurs personnes de Bitche, au nombre desquelles se trouve Mme Narrat, quittent la ville.

Les communications entre Sarreguemines sont interrompues. Nous apprenons que les Prussiens ont envahi Bliesbrücken et que des forces considérables ont pris Wissembourg et se dirigent vers l'intérieur.

Dans la nuit du 6 août, le commandant du bataillon des douanes est appelé par le général qui demande que cinq escouades de douaniers soient envoyées en éclaireurs au-devant des grand'gardes sur les routes aboutissant à Bitche, avec ordre de se replier sur cette localité dès la première apparition de l'ennemi.

MM. Narrat et Pradal montent vers une heure du matin au fort pour faire exécuter cet ordre.

7 AOUT 1870.

Dès le matin, nous entendons le canon résonner du côté de Wissembourg et de Niederbronn. Le corps de Mac-Mahon est engagé.

Nous sommes assez tranquilles au fort. Des officiers d'artillerie et du génie viennent le visiter.

L'autorité supérieure paraît avoir décidé qu'un bataillon d'infanterie serait envoyé avec de l'artillerie au fort. Cette nouvelle nous rassure sur nos moyens de défense.

Le 2e bataillon du 86e de ligne vient tenir garnison au fort; il est ainsi commandé :

MM.
Bousquet, chef de bataillon ;
Malifaud, capitaine-adjudant-major ;
Blusset, capitaine ;
Fenoux, id.;
Palazzi, id.;
Désoubry, id.;
Rapart, id.;
Raveine, id.;
Hardy, lieutenant de 1re classe ;
Fargeas, id. officier comptable ;
Mondelly, lieutenant de 2e classe ;
Ravenel, id.;
Bedel, id.;
Gabarro, sous-lieutenant ;
De Nonancourt, id.;
Legond, id.;

MM.

Lebon, sous-lieutenant;
Cassaigne, id.;
Neurisse, id.

Le commandant Bousquet, auquel le major des douanes est présenté par le gouverneur de la place, offre de nous donner des sous-officiers de son régiment pour apprendre le maniement du fusil à tabatière dont les douaniers viennent d'être pourvus. Cette offre est acceptée avec empressement, et, dès le lendemain, nous recevons les instructions suffisantes pour nous servir avec succès des nouvelles armes.

Des informations positives nous apprennent que le corps du maréchal Mac-Mahon a été battu à Vœrth et Niederbronn, et, vers 6 heures du soir, nous voyons venir de ces côtés, par la porte de Strasbourg, des régiments de toutes armes se dirigeant, profondément abattus, vers Saverne.

Nous apprenons avec tristesse que des régiments entiers de notre armée ont succombé sur le champ d'honneur, sous les coups de l'ennemi cinq ou six fois plus nombreux.

La position est inquiétante, le général demande au commandant Narrat un douanier de confiance, à la fois intelligent et courageux, pour porter un message au major-général à Metz, en traversant les colonnes qui ont déjà envahi nos frontières.

Le préposé Diederich, de la 2ᵉ compagnie, est désigné par l'inspecteur pour cette mission délicate et dangereuse.

Pendant toute la nuit, les troupes n'ont cessé d'être en marche vers Saverne. Le 5ᵉ corps et son état-major se sont dirigés aussi de ce côté. Le général de Failly laisse à Bitche, où il n'a plus reparu, ses bagages et une partie du personnel de l'intendance.

Nous prenons, le commandant du bataillon et nous, le parti d'aller coucher au fort où notre présence devient de plus en plus utile. Le commandant de la place met gracieusement à notre disposition trois pièces non meublées de ses appartements particuliers, et dans l'une desquelles nous nous installons de notre mieux en étendant par terre les matelas destinés à notre couche.

Par une coïncidence assez singulière, cette pièce était la même où, dans des temps plus heureux, M. Narrat s'était livré, en nombreuse compagnie, à des exercices chorégraphiques. Tristes destinées des choses d'ici-bas !

8 AOUT 1871.

Dès le matin, nous voyons à l'horizon des troupes de cavalerie ennemie circuler dans tous les sens. Une colonne d'une centaine d'hommes, s'étant rapprochée à une distance d'environ 2,000 mètres, est dissipée par un coup de canon habilement pointé. La mitraille tombe au centre de la colonne et fait de nombreuses victimes.

A midi, un aide de camp du général prussien est arrivé au fort en parlementaire. Les officiers d'artillerie qui l'ont conduit lui avaient préalablement bandé les yeux.

Le conseil de défense, composé de M. Teyssier, commandant de la place, président, de M. Bousquet, commandant le 2ᵉ bataillon du 86ᵉ de ligne, de M. Narrat, commandant du 4ᵉ bataillon des douanes, de M. Simon, sous-intendant, de M. Guéry, capitaine du génie, et de M. Jouart, capitaine d'artillerie, se réunit et donne audience au parlementaire. Celui-ci demande en très bons termes, et en langue française, la reddition de la place, appuyant sa proposition sur les victoires successives de leurs armes. Il fait en outre appel à des sentiments d'humanité afin d'épargner le sang inutilement versé dans une résistance désormais sans but.

Le conseil, par l'organe du président, M. Teyssier, repousse toute proposition de capitulation, annonçant que nous avions pour mission de défendre la place et qu'elle serait défendue jusqu'à la dernière extrémité.

Le parlementaire, reçu par le conseil avec toute la courtoisie qui fait le fond du caractère français, est reconduit, les yeux couverts, hors des murs de Bitche.

A deux heures de l'après-midi, l'ennemi s'approche de la place et établit deux batteries de huit dans la direction du sud-est, à environ trois kilomètres : l'une, à gauche de la route de Strasbourg, à environ trois cents mètres ; l'autre à droite, dans la prairie longeant cette route. Cette dernière batterie se trouvant trop éloignée, les projectiles se perdent dans le Kindelberg, coteau à huit cents mètres du fort. La première batterie, au contraire, nous envoie avec une certaine justesse des obus. La poudrière semble être son point de mire, mais notre feu, habilement dirigé par le sous-officier Rigaux Auguste, du 1er régiment d'artillerie, parvient bientôt à imposer silence à l'ennemi dont la batterie est entièrement démontée et le force à se retirer, vers 5 heures.

Le bombardement cessant, nous examinons les plates-formes et nous constatons que les boulets ennemis n'ont pas fait grand mal. Il y a eu cependant un sous-officier du 86e de ligne tué et deux soldats blessés. Le premier n'était pas de service. Il a été atteint d'un éclat d'obus au moment où la curiosité l'avait conduit sur les remparts.

Nous sommes dans une grande anxiété : on croit que les Prussiens consacreront la nuit à rapprocher leurs batteries et que, dès le matin, nous serons assaillis par la mitraille.

Nous couchons dans les casemates de la grande caserne, où nous nous trouvons pêle-mêle avec les soldats du 86e et de l'artillerie, voire même avec des moutons parqués et distribués aux soldats comme rations.

Le brave docteur Calvet, ancien chirurgien en chef de l'armée, médecin de la douane, qui a accepté la mission d'accompagner le 4e bataillon au fort, nous suit dans les casemates, et nous l'avons vu avec admiration partager, malgré son grand âge, notre sort et celui des officiers à côté desquels il passe la nuit.

9 AOUT 1870.

Nous sommes sur pied de très bonne heure. Nous nous préoccupons de la possibilité de nous établir dans notre casemate, lorsque les hommes de garde de l'infanterie s'emparent des places que nous avions occupées pendant la nuit. Il en résulte une certaine confusion dont les causes ne peuvent être aplanies que par l'intervention des chefs.

Le commandant du 86e, M. Bousquet, est appelé, et, sans provoquer aucune explication, apostrophe vivement son collègue du 4e bataillon des douanes, qui relève avec hauteur et dignité les expressions peu mesurées de M. Bousquet (1), auquel

---

(1) Le commandant Bousquet, aujourd'hui lieutenant-colonel, a un tempérament vif et emporté, mais, au fond, c'est un brave et digne officier que nous honorons; certaines préventions, dont l'origine est demeurée inexpliquée, s'étant dissipées, de bonnes relations se sont établies entre lui et M. Narrat et le bataillon en a ressenti les effets.

il déclare carrément qu'il n'a aucun ordre à recevoir de lui, qu'il est son égal et qu'il n'a à répondre, au fort, à d'autre autorité qu'à celle du commandant de place.

Cet incident, regrettable à divers points de vue, n'a d'autre suite que celle de nous faire reprendre notre précédent casernement où, d'ailleurs, nous pouvons entrer sans inquiétude, l'ennemi paraissant avoir renoncé, pour le moment, à persister dans le bombardement.

10 AOUT 1870.

Nous sommes sans nouvelles, les communications étant interceptées.

Quelques cavaliers prussiens apparaissent dans le lointain. Des avant-postes français et des soldats déterminés, parmi lesquels on remarque des zouaves et des artilleurs, se portent en tirailleurs sur les hauteurs de Kindelberg pour les débusquer. On échange quelques coups de fusil sans résultat apparent.

Nos soldats ont opéré l'arrestation de deux cantinières prussiennes, qui se dirigeaient sur Bitche, croyant cette place au pouvoir de leur armée.

11 AOUT 1870.

Triste réveil! Dès le matin, on nous a appris que l'armée prussienne était à Sarreguemines et que nous avions évacué Sarrebrück.

Cette double nouvelle a vivement affecté tout le monde.

Deux soldats prussiens et une nouvelle cantinière ont été faits prisonniers et conduits au fort.

12 AOUT 1870.

Des feux de mousqueterie ont été échangés dans la matinée avec l'ennemi.

Le fait saillant de la journée est l'arrestation d'un Prussien et d'un Bavarois de bonne famille, se disant journalistes, qui venaient à Bitche dans la pensée que cette place était conquise, les journaux allemands en ayant annoncé triomphalement la reddition.

13 AOUT 1870.

Etant sans nouvelles sur le sort de notre armée, on a peine à s'expliquer que, depuis trois jours qu'on n'aperçoit plus un Prussien aux alentours de Bitche, l'autorité municipale n'ait pas cherché à se mettre en communication avec les villages voisins et à obtenir, par ce moyen, des renseignements sur la situation de notre armée. Cette indifférence administrative nous paraît blâmable à divers points de vue.

Des convois d'approvisionnements pour les Prussiens sont signalés du côté de Lemberg.

Un sergent déterminé, dont nous regrettons de ne pas connaître le nom, offre de se mettre à la tête de 50 volontaires pour aller s'emparer de ces convois. Une autorisation lui est nécessaire; comment l'obtenir?

Disons que depuis la bataille de Wœrth, il existe au bas du fort, dans un camp retranché de la place, un ramassis de soldats de toutes armes, qui n'ont pu, par suite de nos revers, rejoindre leur régiment. Ces militaires, que l'on désigne sous la dénomination d'isolés, ont été placés sous le commandement d'un capitaine du 10e d'ar-

tillerie, isolé lui-même, portant nom de
M. Lamothe, bel homme, sorti de l'école,
ayant des allures un peu théocratiques,
mais d'un fond modeste et réservé. C'est
de ce capitaine que doit émaner l'autorisation sollicitée par le sergent dont nous venons de parler.

M. Narrat, commandant du 4e bataillon
des douanes, dont l'urbanité égale la bonté,
informé des désirs hautement exprimés par
le sergent, et voyant, d'ailleurs, dans ce
coup de main un acte avantageux pour
nous, n'hésita pas à proposer sa médiation
auprès de M. Lamothe. Il se rend, à cet
égard, auprès de ce dernier, se fait l'interprète des sentiments qui animent le courageux sous-officier et demande l'autorisation désirée.

Le croirait-on? Cette autorisation est
refusée par M. Lamothe, sous le prétexte
spécieux que, comme chef, il ne pouvait,
sans engager sa responsabilité, permettre

des reconnaissances hors d'un rayon excédant quatre kilomètres de la place.

Nous avons entendu dire à cette occasion que, dans la position où se trouvait Bitche, il ne convenait pas d'attirer trop l'attention de l'ennemi par des sorties intempestives, afin qu'il nous laissât tranquilles.

Ces sages précautions ont-elles empêché les Bavarois de nous bombarder et de brûler la ville ? Nous laissons à nos lecteurs le soin d'apprécier la valeur de l'argument.

Le Conseil de défense décide qu'à l'occasion de la fête de l'Empereur, une adresse signée par tous les corps militaires du fort serait envoyée à Sa Majesté.

Cette adresse, rédigée par le lieutenant Hardy du 86e et approuvée par une commission spéciale, est ainsi conçue :

« Sire,

« Deux fois déjà, en 1793 et en 1814, le
« fort de Bitche, par sa situation et par

« l'énergique résistance de ses défenseurs,
« a réussi à entraver la marche de l'inva-
« sion.

« Au début de la campagne de 1870, la
« garnison de Bitche, sommée de se rendre,
« s'est promis de ne pas faillir à ses glo-
« rieuses traditions, et le 4e corps prus-
« sien, après une inutile canonnade, a dû
« perdre 48 heures au moins pour éviter le
« feu de la citadelle.

« Nous souhaitons, Sire, à la veille de la
« fête nationale du 15 août, que Votre
« Majesté apprenne qu'elle peut compter
« plus que jamais sur le patriotisme et le
« dévouement des officiers et des soldats
« qui défendent à Bitche le drapeau fran-
« cais et le sol de la patrie. »

15 AOUT 1870.

Deux émissaires porteurs de l'adresse
ont été envoyés par des routes différentes

vers l'Empereur dont on ignore le quartier-général.

A l'occasion de la fête de Sa Majesté impériale un *Te Deum* a été chanté à l'église paroissiale où se trouvait représentée l'armée par des officiers de chaque corps.

Un second *Te Deum* a été chanté au fort sur la place d'honneur en présence de toute la troupe. Après ce chant, un groupe de soldats du 86e a entonné avec vigueur un *Domine salvum fac*, suivi d'une triple ovation de *Vive l'Empereur!!!*

Le soir, le fort a été illuminé.

16 AOUT 1870.

Nous sommes toujours sans nouvelles de l'intérieur. Les esprits s'inquiètent de cette situation, à laquelle le commandant de place semble vouloir répondre par l'ordre du jour suivant :

« ORDRE DE LA PLACE.

« *16 août*.

« Officiers, sous-officiers et soldats,

« Le commandant de la place, les officiers de la garnison et la municipalité de Bitche font tous leurs efforts pour avoir des nouvelles de nos armées et pour entrer en relation avec elles.

« Ces diverses tentatives, dont plusieurs sont en cours d'exécution, n'ont pas toujours été aussi heureuses que nous l'eussions désiré. Aujourd'hui, cependant, deux messagers envoyés par l'autorité militaire, l'un à Saverne, l'autre à Phalsbourg, sont revenus ayant atteint le but qui leur avait été assigné et rapportant les preuves officielles.

« Le commandant de la place de Phalsbourg me fait savoir que cette place a été bombardée par deux fois. Dimanche, 14 août, le bombardement a duré toute la journée, et nous avons pu l'entendre d'ici. Néanmoins la place a résisté, malgré les incendies qui ont détruit près de la moitié des maisons de la ville, sans pertes appréciables pour la garnison et les habitants.

« La nouvelle que le drapeau de la France flotte toujours sur la forteresse de Bitche a été accueillie à Saverne et à Phalsbourg avec un grand enthousiasme, et les autorités de ces deux villes ont promis à nos messagers de faire tous leurs efforts pour le faire savoir à la France et à l'Empereur.

« Le commandant de la place n'a pas de nouvelles assez certaines de l'armée, que l'on suppose devant Nancy, pour vous en faire part.

« Le point que nous occupons aura une très grande importance lorsque l'ennemi sera obligé de battre en retraite, car nous sommes admirablement placés pour lui couper une partie importante de ses communications.

« Profitons donc du répit qui nous est laissé pour nous préparer à accomplir la tâche qui nous incombera lorsque le moment sera venu.

« Les troupes du château ont pour mission spéciale de garder et d'approprier la forteresse à une résistance à outrance.

« Les troupes du camp retranché, accidentellement réunies, ont une mission plus active ; elles devront se préparer, par des reconnaissances nombreuses et chaque jour répétées, à connaître le pays dans ses moindres détails et les voies de communications jusqu'aux plus petits sentiers.

« N'osant passer sous Bitche, l'ennemi a tourné la position par des chemins à peine praticables dans la belle saison. Nous pouvons rendre difficiles et même impraticables ces communications secondaires, et c'est un travail que nous allons entreprendre.

« Nous sommes nombreux, et chaque jour il nous arrive des renforts individuels par suite des sorties de l'hôpital et des prisonniers échappés à l'ennemi.

« Les vivres et les munitions sont rares : soyons donc sobres dans notre nourriture et économes dans nos munitions, que nous devons conserver avec le plus grand soin.

« Les autorités civiles nous ont été d'un puissant secours dans un moment difficile où nous avions tout à la fois à nous organiser et à nous défendre. Elles nous aideront toujours de tout leur pouvoir, j'en ai la certitude ; ne nous montrons pas ingrats pour tant de sollicitude et restons unis.

« Le Commandant de la place,

« TEYSSIER. »

Le moment est venu de nous occuper des employés de bureau de l'inspection des douanes, qui, par ordre du colonel, ont suivi le bataillon à Bitche. La présence de ces messieurs qui, sous le titre d'officiers assimilés, participent aux charges de la place dans les limites tracées par l'ordonnance de 1832, n'est pas au gré de tout le monde : quelques membres du conseil de défense, comparant l'importance des approvisionnements avec le nombre des consommateurs, ne se gênent pas pour dire que les services rendus par les officiers de douane assimilés ne sont pas appréciables et qu'on peut les considérer comme bouches inutiles. Ces propos, tenus d'abord en petit comité, se répandent dans la place et deviennent très blessants pour les employés, peu habitués à se voir traités de la sorte. Ils auraient sans doute pu répondre à ces inconvenances de langage, qu'ils se trouvaient au fort en vertu d'un mandat régulier auquel ils n'étaient pas libres de se soustraire ; mais, froissés dans leur amour-propre et désirant, d'ailleurs, sortir d'une position pouvant paraître équivoque aux yeux de certaines gens hautement placés au fort, ils résolvent de solliciter auprès du commandant de place l'autorisation de s'éloigner. Nous approuvons personnellement cette résolution.

M. Narrat, notre inspecteur, prié de donner son avis, s'inspire des dispositions favorables contenues dans les règlements et appuie leur demande. Ces messieurs quittent le fort, le 17 août.

18 AOUT 1870.

Des nouvelles contradictoires nous parviennent sur les événements de la guerre. Nous ne nous arrêtons qu'à celles qui nous paraissent vraisemblables et dont la source, d'ailleurs, offre quelque crédit. Ainsi, nous apprenons que l'armée prussienne, en marche sur Metz, a subi devant les murs de cette ville un échec considérable dans lequel elle a perdu beaucoup de monde. Nous vivons pendant trois jours sous l'impression favorable de cette nouvelle qui nous est confirmée, le 21 août, par le préposé Diederich, de retour de Metz où il avait été envoyé en mission, on se le rappelle, auprès du major-général de l'armée.

Ce préposé nous entretient des engagements qui ont eu lieu à Gravelotte et Borny les 16, 17 et 18 août, dans lesquels l'ennemi paraît avoir essuyé de très grandes pertes. Il nous annonce aussi avec une indicible satisfaction, parfaitement justifiée d'ailleurs, qu'il a eu l'honneur d'être admis à la table de l'Empereur et que le Prince Impérial lui a donné, à titre de gratification, une somme de 500 francs.

22 AOUT 1870.

Aujourd'hui, vers deux heures de l'après-midi, deux officiers, l'un Prussien et l'autre

Bavarois, se présentant au nom de leur colonel, M. Kholhermann, sont venus de nouveau demander la reddition de la citadelle.

Ces parlementaires étaient porteurs d'un écrit, ainsi conçu :

« Monsieur le commandant,

« Vous n'ignorez plus que le cours rapide des événements vient atteindre le premier but de la guerre.

« La défaite complète de l'armée française, à laquelle nous rendons volontiers l'hommage de la vaillance, a eu lieu à Metz dans les journées des 14, 16, 18 août, tandis que l'armée du prince royal de Prusse marche victorieusement sur Paris.

« Dans cet état de choses je n'ai pas besoin de vous faire comprendre, monsieur le commandant, qu'il ne serait d'aucune valeur de maintenir la place qui se trouve sous vos ordres.

« Les forteresses de *Lichtemberg*, *Lut-*

zelstein, Marsal et autres se sont rendues également et se trouvent actuellement en notre pouvoir.

« J'ai donc l'honneur de vous offrir les conditions suivantes, en vertu desquelles la forteresse de Bitche se rendrait aux troupes placées sous mon commandement.

« ARTICLE 1er.

« Toute la garnison sortira de la ville en portant les armes et tambours battant jusqu'à cinq cents pas, vers Niederbronn, après quoi elle mettra bas les armes.

« ARTICLE 2.

« Les officiers, ainsi que toute la troupe, conserveront tous leurs bagages militaires et particuliers, sauf les munitions.

« ARTICLE 3.

« Tous les officiers garderont leur sabre et se rendront à Reischoffen, où ils pourront circuler librement sur parole d'honneur, jusqu'à ce que Son Altesse le prince royal leur aura accordé la permission de rentrer en France. Cette autorisation sera immédiatement demandée par le télégraphe et comprendra tous ceux qui voudraient s'engager à ne plus porter les armes contre l'Allemagne pendant toute la durée de cette guerre.

« ARTICLE 4.

« Les troupes appartenant à la ligne seront dirigées sur l'Allemagne jusqu'à la fin de la campagne; pour celles de la garde nationale, l'autorisation sera demandée de rentrer librement dans leurs foyers.

« ARTICLE 5.

« Toute la garnison serait munie des vivres dont elle pourrait avoir besoin, outre ce qui lui reste à l'heure de son départ.

« ARTICLE 6.

« M. le commandant recevra, s'il le désire, une déclaration en toutes formes quant au maintien honorable de la position militaire qui lui a été confiée, et qui, bien entendu, n'est rendue qu'en vue de circonstances impérieuses contre lesquelles il serait en vain de lutter.

« En échange, M. le commandant promet de délivrer, sans exception, tous les matériaux de guerre se trouvant dans la forteresse de Bitche.

« Dans le cas que M. le commandant devrait rejeter les propositions que je viens de lui faire, j'ai l'honneur de prévenir que le bombardement de la forteresse commencera dès aujourd'hui, et qu'à partir du premier coup de feu qui sera tiré des remparts de Bitche aucune condition ne pourra plus être admise, à moins que la place ne se rende à discrétion.

« Trente minutes sont données afin de recevoir la réponse que M. le commandant jugera à propos de donner.

« Les conditions susdites acceptées, il est chargé de les signer préalablement avec qui de droit.

« Veuillez, monsieur le commandant, agréer à cette occasion, l'assurance de ma considération la plus distinguée.

« Devant Bitche, le 22 août 1870.

« Le commandant en chef bavarois,

« Signé : KHOLHERMANN. »

Le commandant de place, sans discuter ces conditions, s'est borné à déclarer aux parlementaires, comme il l'avait déjà fait à celui venu, le 8 août, que la place serait défendue jusqu'à la dernière ressource.

Vers 6 heures, des cavaliers et une colonne ennemie se sont montrés dans la plaine, au sud-est de la place. Nous sommes très anxieux. Nous nous attendons à un deuxième bombardement. Des mesures sont immédiatement prises pour répondre aux assiégeants.

Nous devons insister ici sur les éloges dus à M. Rossin, capitaine d'artillerie en retraite, dont nous avons déjà parlé, et qui, sous la direction spécieuse du capitaine en titre, M. Jouart, a fait l'impossible pour mettre le château en bon état de défense.

Les chefs descendent dans les casemates et les commandants des douanes, pour ne pas se trouver mêlés à la soldatesque, comme dans le premier bombardement, ont accepté l'hospitalité chez le boulanger du fort.

Nous donnerons, dans un autre moment, un aperçu du réduit dans lequel nous avons à nous mouvoir.

LE 23 AOUT 1871.

Nos prévisions se réalisent : vers quatre heures et demie du matin, des détonations se font entendre. Nos artilleurs sont à leur poste.

L'ennemi avait établi, pendant la nuit, ses

pièces sur le mont Grosroderbile, situé au nord de Bitche, battant, par une ligne légèrement oblique, le fort dans toute sa longueur. Le bombardement, auquel la citadelle a répondu avantageusement, a duré jusqu'à 7 heures et demie, sans faire d'autre mal que de légères détériorations aux toitures et aux murs des pavillons supérieurs. Nous n'avons pas eu un seul homme blessé.

Pendant que l'artillerie vomissait la mitraille, une colonne d'environ 300 hommes, masquée derrière le coteau de Kindelberg, dirigeait sur le fort un feu de mousqueterie des plus nourris, auquel répondaient, sans résultat apparent, des hommes du 86e placés derrière les remparts. Mais des boîtes chargées à mitraille, savamment dirigées par notre artillerie, parviennent à débusquer l'ennemi et lui font éprouver quelques pertes. Nous avons, en effet, vu dans la journée des voitures d'ambulance se rapprocher du coteau pour prendre les blessés.

On estime que l'ennemi a lancé, dans le bombardement, de 80 à 100 obus de 12. Un de ces projectiles, après avoir perforé les fermetures d'une croisée, est allé s'abattre sur le lit de M. Fargeas, lieutenant du 86e, sans éclater, brûlant, pour tous dégâts, la couverture de cet officier.

Nous terminons la relation de ce bombardement en rendant hommage au calme dont les pointeurs ont fait preuve pendant la canonnade, comme à l'excellence de leur tir. Nous dirons aussi, pénétré de la plus vive admiration pour son courage, que nous avons vu le commandant de place, M. Teyssier, parcourir le rang de nos tirailleurs au moment le plus décisif de la mousqueterie ennemie.

En exprimant, sans flatterie, notre opinion sur la valeur militaire de cet officier

supérieur, nous devons dire, sans défaillance, un mot sur ses actes administratifs :
Brave, courageux, plein d'énergie quand il s'agit de son individu, de sa personne, M. Teyssier est parfois hésitant lorsqu'il est question de mesures pouvant engager sa responsabilité, froisser des sentiments, blesser une opinion, cherchant toujours à concilier des intérêts quelquefois inconciliables. Nous citerons un simple fait à l'appui de nos impressions.

Le commandant Bousquet, du 86e, arrivé au fort où notre bataillon l'avait précédé, trouva notre installation meilleure que la sienne, et, dans un sentiment d'intérêt pour ses soldats, sentiment auquel nous rendons volontiers hommage, il trouva le moyen de convaincre le commandant de place que notre corps était trop avantageusement traité.

M. Teyssier, dans un esprit de conciliation qui est le fond de son caractère, expose la situation au commandant du bataillon des douanes, auquel il demande finalement s'il ne voudrait pas consentir à déposséder quelques douaniers de leur couchette pour des besoins plus élevés. M. Narrat, avec la sagacité qui le distingue, voit sans peine la source de la réclamation, s'élève contre les prétentions de son collègue du 86e. Mais, comme en définitive les règles de la subordination veulent que le dernier mot reste au chef, M. Narrat s'incline et répond en ces termes à M. Teyssier : « Commandant, la demande que vous me faites est intempestive ; vous êtes cependant le maître ici, et vous pouvez dépouiller entièrement mes hommes si cela vous plaît. Mais un moment viendra où je pourrai parler, et alors je dirai haut et ferme ce que j'aurai à dire. » Cette apostrophe parfaitement comprise resta sans réplique, et la réclamation qui, à dire vrai, était le fait du 86e, ne reçut aucune suite.

Nous devons mentionner, pour terminer

l'historique de la journée du 23 août, que, préoccupés du danger sérieux auquel les douaniers de garde sur les remparts extérieurs avaient été exposés pendant le bombardement, nous prenons le parti, M. Narrat et nous, de proposer au commandant de place quelques ménagements dans l'exécution du service, nous appuyant sur cette circonstance, qu'au point de vue des intérêts généraux, la perte d'un douanier devait naturellement entraîner des conséquences plus fâcheuses que celle d'un soldat, les douaniers étant presque tous pères de famille et ayant généralement payé leur dette de sang à la patrie, soit comme soldats, soit comme sous-officiers dans l'armée.

M. Teyssier, ne voulant pas comprendre cette situation, oppose, comme fin de non-recevoir, les réclamations que la moindre modification dans l'ordre de service pourrait faire naître de la part du 86°. Le service reste donc, avec tous ces dangers pour les douaniers, ce qu'il était dans les premiers jours, bien que les circonstances ne soient plus les mêmes.

Si nous ne craignions pas d'être accusé de partialité, de parler *pro domo suá,* nous dirions que le bataillon des douanes produit à la place une somme de travail très considérable. Il participe, dans la proportion numérique de sa force, au même service que le 86e, et, dans les corvées, il fait plus que ce dernier, sous prétexte de certaines aptitudes que n'ont pas les soldats de la ligne.

Nous pourrions nous demander, à cette occasion, pour quel motif le corps de gendarmerie, retiré au fort, ne participe à aucune espèce de service de corvée. Ce corps n'est même pas chargé de la police des cantines, où son intervention cependant serait souvent utile. Le motif de son inaction nous échappe. Nous prenons d'ailleurs texte de cette courte digression pour faire ressortir les charmantes qualités du capitaine du corps, M. Mathieu, officier bien élevé et instruit, que des circonstances indépendantes de sa volonté ont rivé à la citadelle.

24 AOUT 1870.

Le conseil municipal de Bitche a pris une délibération dans l'intérêt de la défense de la place. Aux termes de cette délibération, tous les jeunes gens de la commune, âgés de 20 à 35 ans, libres ou faisant partie de la garde mobile, sont appelés sous les drapeaux et armés par les soins du commandant de place.

25 AOUT 1870.

Le conseil de défense a décidé que, pour mettre le fort à l'abri des bombes incendiaires, toutes les toitures dont les charpentes présentent un trop grand aliment à l'incendie seraient enlevées ; cette mesure est immédiatement mise à exécution en ce qui concerne la caserne. Mais le capitaine du génie, M. Guery, dont les idées, dit-on, sont parfois mesquines, se refuse à l'étendre aux autres édifices, le sacrifice lui paraissant trop considérable. Il a dû plus tard comprendre le préjudice que son refus a valu à la place.

Cet officier, en vertu d'une décision prise par le conseil de défense, fait exécuter des travaux sur les hauteurs de Kindelberg pour faire disparaître les accidents de terrain dont l'ennemi avait tiré parti dans le bombardement du 23.

Les Bavarois paraissent s'être retirés des environs de Bitche où il arrive du monde de toutes les communes des environs. La situation est moins tendue et nous en profitons pour sortir des casemates et reprendre nos logements ordinaires.

26 AOUT 1870.

La journée a été plus agitée que d'habitude. Ce matin un gendarme de la brigade de Niederbronn qui, sous le déguisement bourgeois, avait pu se dérober à l'ennemi, est venu annoncer au fort qu'il était arrivé, hier, dans la gare de Niederbronn, des pièces de canon de siége, que les Bavarois avaient soigneusement cachées pour les soustraire à la vue des Français.

Ce renseignement semble confirmer les intentions exprimées par le dernier parlementaire de nous bombarder de rechef et de mettre le feu à la ville. Le conseil de défense le prend au sérieux et prescrit immédiatement des mesures pour augmenter nos moyens de résistance. Il décide, en outre, que les routes de Niederbronn seront coupées ou obstruées, afin de retarder le plus possible la marche de l'artillerie, s'il est vrai qu'elle soit dirigée sur Bitche.

A cet effet, tous les bûcherons et manouvriers de la commune sont requis, et dans la nuit, appuyés d'une compagnie de soldats du 86e, les travaux dont nous venons de parler sont exécutés.

Tout le monde est sur pied et chacun, en particulier, semble se préparer à des événements d'une extrême gravité.

Nous apprenons que les Bavarois avaient fait arrêter et conduire à l'étranger M. le maire de Volmunster, son gendre, M. Gentil, et un notaire de cette résidence, M. Firmery, sous l'inculpation d'avoir entretenu des intelligences avec l'autorité supérieure de leur pays et le fort de Bitche.

27 AOÛT 1870.

Nous sommes toujours sous la fâcheuse attente du nouveau bombardement.

La présence des Bavarois sur les hauteurs de Reyerschwiller est signalée au fort. Notre artillerie tire sur ce point pour contrarier les travaux préparatoires des batteries ennemies.

28 AOÛT 1870.

On nous a, aujourd'hui, porté la nouvelle que le corps d'armée du prince Charles avait été battu par la division Bazaine. Une dépêche non officielle, mais paraissant avoir un caractère authentique, est communiquée à la place. Elle est ainsi conçue :

« 21 août 1870.

« *Le maréchal Bazaine au Ministre de la guerre.*

« Victoire complète. L'ennemi a chargé

« trois fois et a été refoulé avec des pertes
« incalculables.

« Le prince Charles a demandé un ar-
« mistice que je lui ai refusé. »

Cette dépêche, qui avait ranimé tous les esprits et répandu la satisfaction sur tous les visages, était malheureusement apocryphe.

29 AOUT 1870.

L'ennemi fait des retranchements et paraît s'occuper sérieusement à établir des batteries sur les hauteurs de la Rosselle.

30 AOUT 1870.

D'après un renseignement fourni au fort par le capitaine de la Motte, du 10e d'artillerie, nous devions être canonnés dans la nuit du 29 au 30. Ce renseignement ne s'est pas confirmé. Il paraît cependant certain qu'il existe, aux environs de la ferme Schatz, des pièces d'artillerie et un millier d'hommes.

Pourquoi ces pièces et ces hommes? Dans l'opinion de quelques personnes, la présence de l'ennemi sur ce point a pour but de protéger la retraite dans le cas où les armées alliées seraient battues. Suivant d'autres versions, la pensée du bombardement de Bitche subsisterait toujours et il serait subordonné à l'arrivage des munitions qui font défaut et qu'on doit envoyer de Niederbronn.

Quoi qu'il en soit, nous sommes toujours dans une fâcheuse situation : les communications deviennent de plus en plus difficiles, l'ennemi prenant à tâche de repousser toutes les personnes qui veulent approcher Bitche.

Le conseil de défense prend la décision de faire effectuer une sortie pendant la nuit dans le but d'aller enclouer les pièces de canon que les Bavarois peuvent avoir en parc ou en batterie sur les hauteurs de la Rosselle.

Des dispositions sont prises à cet égard : 600 hommes environ du camp retranché sont chargés d'exécuter ce coup de main, tandis qu'une compagnie du 86e, sortant par la porte de Lemberg, appuiera, en cas de besoin, leur retour sur la route de Sarreguemines. Les postes de douanes sont doublés et tout semble disposé de façon à assurer le succès de la sortie, lorsque le commandant de place, sur un simple renseignement et de sa propre autorité, juge à propos, vers 10 heures du soir, de contremander les ordres.

Cette mesure prise, *proprio motu,* par le commandant de place, met en courroux les membres du conseil de défense et surtout les capitaines du génie et d'artillerie, MM. Guery et Jouart.

L'opportunité de la sortie est de nouveau mise en question ; M. Teyssier revient sur sa décision et envoie de nouveaux ordres pour l'exécution de la sortie primitivement arrêtée. C'était trop tard.

Le capitaine de la Motte, chef, comme nous l'avons déjà dit, du camp retranché, tardivement informé des dernières dispositions de la place, ne peut mettre les hommes sous les armes à l'heure indiquée. L'expédition doit forcément être ajournée.

31 AOUT 1870.

Par ordre de la place, les portes de la ville restent fermées toute la journée. Cette mesure se rattache aux événements de la dernière nuit, afin que les projets de sortie, bien qu'avortés, ne puissent être portés à la connaissance de l'ennemi.

Un officier bavarois, venu en parlementaire, apporte quelques lettres à l'adresse de particuliers de la ville. Ces lettres avaient été ouvertes.

1ᵉʳ SEPTEMBRE 1870.

Le camp retranché a exécuté, ce matin, sous le commandement du lieutenant Baron, la sortie combinée pour le 30. Cette sortie est demeurée sans résultat, les Bavarois n'ayant pas été rencontrés dans les parages parcourus par la colonne.

2 SEPTEMBRE 1870.

Les communications entre Rorbach et Bitche sont complètement interceptées par les Bavarois. Il n'est dès lors plus possible d'avoir des nouvelles de Sarreguemines.

Une escouade de huit cavaliers ennemis est descendue dans les environs de Bitche et s'y est emparée de deux vaches et d'un veau paissant. Le camp retranché, informé de cette audacieuse prise, a envoyé immédiatement huit volontaires qui sont parvenus, après une rude chasse aux maraudeurs, à leur faire abandonner leur buttin.

Des officiers internés à Niederbronn, dépourvus de toute chose, ont fait parvenir au fort des renseignements sur leur triste position. Sur l'initiative du capitaine d'artillerie, M. Jouart, une souscription en leur faveur a été ouverte, et on a pu ainsi faire adresser à ces officiers un secours. Les officiers de douane ont, à eux seuls, souscrit pour 50 fr.

4 SEPTEMBRE 1870.

Cette journée se note par une sortie de la place.

Nos troupes, fortes de sept à huit cents

hommes sont parties de la porte de Lemberg à 2 heures et demie du matin afin de surprendre l'ennemi.

L'expédition, divisée en trois colonnes, devait se réunir sur les hauteurs de la Rosselle par des points différents. La première colonne, commandée par le lieutenant Labarbe, du 30e de ligne, devait contourner les hauteurs de Reyerschwillers ; la seconde, formée dans le camp retranché, sous le commandement du lieutenant Baron, devait traverser les forêts dans la direction de Schorbach et la 3e, formant le centre, appuyée de deux pièces de canon, sous la direction du capitaine de la Motte, du 10e d'artillerie, avait pris la route de Sarreguemines. Les trois colonnes étaient appuyées sur les derrières par les compagnies Desoubry, Palazzi et Fenoux, du 86e de ligne. Le restant du bataillon et les douaniers formaient la réserve.

Cette expédition, dont le but principal

était d'enclouer les canons et de balayer l'ennemi, n'a pas pleinement abouti.

Les Bavarois, mis en éveil par la fusillade des avant-postes, se mettent rapidement en état de défense et opposent, sur tous les points, une résistance sérieuse. Ils sont néanmoins culbutés. Mais la colonne du centre, tardivement arrivée à son point d'attaque, ne peut suffisamment se développer ; aux premiers coups de fusil, elle se débande et abandonne le capitaine de la Motte qui, se trouvant dans l'impossibilité de mettre ses deux pièces en batterïe, est obligé de battre en retraite et de laisser aux prises avec l'ennemi les deux autres colonnes qui, après une fusillade d'environ trois heures, ont dû se replier sur le fort.

Nous ne saurions assez flétrir la 3e colonne, ramassis infect de tous les régiments qui, par sa lâcheté, a compromis les résultats de l'expédition dans laquelle nous avons eu 6 braves tués et 25 blessés.

5 SEPTEMBRE 1870.

On a procédé à l'inhumation des six soldats tombés hier sur le champ d'honneur.

Cette cérémonie s'est accomplie avec tout l'éclat religieux que comporte la paroisse. Le curé, M. Ritz, a montré dans cette douloureuse circonstance un empressement et un bon vouloir dignes d'éloges (1). L'armée, représentée par des escouades de chaque corps, la municipalité et tous les corps constitués de la ville faisaient cortége. La population toute entière s'est associée aussi à ces témoignages de deuil et de sympathie. Nous avons remarqué, non sans amères

---

(1) Quand nous avons écrit ces lignes nous pensions que M. le curé Ritz, s'associant au deuil général de la commune, avait agi avec tout le désintéressement que comportait la situation. Il n'en a pas été ainsi : ce prêtre, qui a dû quitter la paroisse, a présenté avant de partir sa note à l'intendance.

réflexions, que les yeux de bien de personnes se couvraient de larmes. Les souvenirs d'un fils, d'un frère, exposés aux mêmes dangers que ces innocentes victimes, n'étaient-ils pas faits, en les rattachant à cette cérémonie funèbre, pour déchirer les fibres du cœur ?

Cette journée, déjà pleine de deuil, a été assombrie par des nouvelles navrantes apportées au fort. Il ne s'agissait de rien moins que de la défaite de l'armée de Mac-Mahon, de la prise de Sedan avec l'Empereur et 80 mille prisonniers. Cette triste nouvelle ne rencontre d'abord aucun crédit dans la citadelle et tout le monde y voit une manœuvre de la part de l'ennemi pour ranimer l'esprit de ses soldats. Elle n'était, hélas ! que trop vraie.

6 SEPTEMBRE 1870.

L'air est aujourd'hui au bombardement.

L'ennemi paraît avoir fait pendant la nuit des travaux considérables. On remarque, sur les hauteurs de la Rosselle, de la terre fraîchement remuée, apparaissant, à l'œil nu, sous forme de retranchements.

Des préparatifs de tout genre sont effectués au fort et sur les plates-formes, mais ces préparatifs, faits à la dernière heure, sont considérés comme insuffisants par les défenseurs armés de la place. Nous voyons avec plaisir que le commandant Bousquet, du 86e, dont les avis pratiques, reposant sur une grande expérience, sont loin d'être goûtés par les fortes têtes de la citadelle (le génie et l'artillerie), se livre personnellement à la distribution des places des tirailleurs et qu'il les dispose de façon à donner toute confiance au soldat en l'abritant contre le feu ennemi.

Ces préparatifs exaltent les cœurs, et chacun, dans la sphère de ses attributions, se met en mesure de répondre à l'ennemi.

Entre temps, le capitaine Morlet, du 27e de ligne, fait creuser, dans les parties basses des remparts, des trous-de-loups dont la combinaison ne peut qu'être funeste aux assiégeants.

7 SEPTEMBRE 1870.

L'ennemi n'a fait aucun acte d'hostilité. On croit cependant qu'il se livre à quelques travaux d'appropriation pour établir ses batteries. Notre artillerie lui envoie de temps à autre des projectiles pour l'inquiéter dans ses retranchements.

Une mesure en faveur du bataillon des douanes a été prise aujourd'hui par le commandant de place: l'inspecteur, M. Narrat, préoccupé de la situation fâcheuse dans laquelle se trouvaient la plupart des douaniers privés de ressources et chargés de famille, a exposé cette situation au commandant, qui a décidé que la solde militaire leur serait allouée, pour le mois d'août, comme aux troupiers, à condition cependant de révision ultérieure.

Cette mesure permettra de répondre à des besoins bien pressants, mais elle ne pourra point éviter les dures souffrances que les nombreuses familles privées de tout crédit devront s'imposer, en attendant qu'il soit possible à l'administration de reprendre le paiement des appointements.

8 SEPTEMBRE 1870.

Les journées s'écoulent dans une quiétude relative. Le temps est mauvais, on aperçoit sur les hauteurs quelques soldats isolés, auxquels, comme témoignage d'une bonne surveillance, nos sous-officiers d'artillerie envoient quelques obus.

Ce tir, livré nuit et jour à l'appréciation seule des sous-officiers, est généralement improuvé. Nous n'y voyons, quant à nous, d'autres résultats que l'effroi qu'il cause aux habitants de la ville et un emploi inutile de munitions.

11 SEPTEMBRE 1870.

Après trois jours de mauvais temps et deux nuits affreuses, la journée se présente sous des aspects plus favorables : le soleil se montre de bonne heure, la température est cependant assez vive. Nous descendons en ville pour entendre la messe et, immédiatement après, nous remontons au fort où nous nous occupons de certains aménagements. Quelques instants après, vers 9 heures 1/4, nous nous rendons dans le pavillon des officiers. A peine arrivé, nous croyons entendre l'explosion d'un obus.

Tous les officiers réunis se regardent instinctivement, étonnés de cette détonation insolite. Nous écoutons, et pour nous rendre compte plus sûrement du coup que nous avions cru entendre, nous nous approchâmes, avec M. Thilmont, de la croisée de la salle donnant sur la Rosselle. Mais, à peine mettions-nous la tête à la croisée, que nous fûmes l'un et l'autre enveloppés d'un nuage de fumée, et, tout aussitôt, nous ressentîmes passer sous notre nez l'éclat d'un obus lancé dans la direction du sud au nord et venant se briser contre notre pavillon.

L'ennemi commençait son troisième bombardement. Il était environ dix heures moins un quart. Le tir, se développant sensiblement, paraît être surtout dirigé sur la cantine impériale. Bientôt un incendie éclate dans les bâtiments au-dessus de l'ambulance où se trouvent accumulées de grandes quantités de farines. Il était urgent de ne pas lui laisser le temps de prendre de l'extension, et immédiatement des hommes de corvée sont requis. Ici, comme ailleurs, sous le prétexte de l'aptitude que les douaniers possèdent, on les voit en grand nombre participer, avec l'infanterie et l'artillerie, au sauvetage des bâtiments.

L'extinction de cet incendie offrait des dangers sérieux : l'ennemi s'étant aperçu du succès de son tir, dirigeait avec acharnement ses projectiles incendiaires sur le même point, en lançant en même temps sur la place des obus et des bombes d'un calibre effrayant (1).

Dans l'après-midi, la canonnade ennemie s'est un peu ralentie. Nous en profitons pour aller voir ce qui se passe. Nous rencontrons sur la place d'honneur quelques officiers du 86e qui nous convient à nous rendre dans leur pavillon. Mais, en traversant la cour

(1) Les obus étaient de 12 et les bombes de 32.

de la caserne, nous nous apercevons que l'ennemi, ayant changé de position, tirait sur le fort, des hauteurs de la Rosselle. Nous nous sommes, dès lors, avec ces Messieurs, rapproché des remparts pour suivre, pendant une demi-heure, la portée des coups ennemis.

Ce temps écoulé, nous sommes rentré dans les casemates pour n'en ressortir que vers 7 heures du soir, un instant après la cessation de la canonnade.

Le moment est arrivé de penser à déménager. La vigueur du bombardement ne pouvait faire espérer que l'ennemi fût satisfait des dommages de la journée; suivant toutes les probabilités, il persisterait dans son œuvre de destruction. Ne pouvant, dès lors, être en sûreté dans les édifices extérieurs, nous demandons, avec M. Narrat, l'hospitalité au boulanger qui nous avait très gracieusement reçu dans sa casemate lors du second bombardement, et, sur le champ, on fait transporter dans ce lieu les objets de première nécessité. Nous étions là à l'abri de la mitraille et des obus ; mais à quel prix, grand Dieu ! Nous allons essayer la description de ce taudis, dans lequel nous avons dû passer plus d'un demi mois.

En sortant des appartements particuliers du commandant de place, on traverse, en ligne oblique, vers la gauche, la cour d'honneur pour arriver à la manutention. Ne vous arrêtez pas à la première ouverture donnant accès aux diverses pièces d'approvisionnements de farine et aux appartements du chef de la boulangerie. Longez l'établissement jusqu'à la seconde ouverture, entrez sous la voûte, tournez à gauche et descendez hardiment, si votre vue est assez perçante pour en voir les profils, les vingt-sept marches qui vous conduisent à un premier palier. Là, prenez à droite, et, après avoir descendu encore six degrés, vous arriverez à la casemate des fours, où se trouvent entassés, pêle-mêle, des sacs de farine et d'avoine, des bois, des caisses et autres objets matériels plus ou moins encombrants. Un passage cependant a été aménagé pour aboutir, par une inclinaison douce, à un couloir noir et infect donnant issue au souterrain dans lequel nous est donnée l'hospitalité. Ce soubassement, long de huit mètres, est aéré par trois lucarnes qui, fermées et blindées pendant le bombardement, ne permettent pas au plus mince rayon d'en éclairer l'espace.

Nous voyons, à travers la lumière d'une mauvaise lampe de cuisine, à droite, s'étendant sur toute la longueur de la casemate, un lit de camp sur lequel sont entassées les couchettes de la famille ; à gauche, sous un arceau séparatif d'un autre souterrain, une table à deux pieds mobiles, encastrée de caisses, de robes et d'autres objets destinés à l'usage personnel de la maison de notre hôte ; en face, une cheminée autour de laquelle tourbillonnent et se querellent sept bambins et bambines que la mère, dont l'autorité trop souvent méconnue, cherche impunément à maintenir paisibles. Nous voyons enfin, à l'extrême droite, au fond du lit de camp, une grosse porte incrustée dans le mur, communiquant aux grandes casemates du fort.

Tel est le réduit dans lequel le commandant Narrat et le major Pradal sont désormais destinés à résider durant le siége. Ajoutons, pour faire ressortir leur bien-être, que la table dont nous venons de parler, réservée à tous les usages dont elle est susceptible le jour, est convertie, pendant la nuit, en couchette sur laquelle est jeté un mauvais matelas et qui devient l'apanage du commandant. Le major, aussi peu favorisé que son chef de file, fait étaler, tous les soirs, un matelas sur trois planches et se couche dans sa culotte, non pas de belle humeur, mais avec toute la résignation commandée par les circonstances.

Les officiers du bataillon ne sont pas mieux partagés : obligés, comme nous, de se mettre à l'abri des bombes, ils cherchent asile dans les soubassements du pavillon des officiers où se trouve le corps d'artillerie et où sont descendus aussi les douaniers de la caserne, devenue l'objectif du feu ennemi. Ce soubassement, disposé de façon à loger 180 hommes, doit, à partir de ce moment, en recevoir 550.

On comprend aisément le tohu-bohu qui se produit dans ce local mal aéré et trop restreint ; chacun, faisant de son mieux et contre mauvaise fortune bon cœur, se place comme il peut. Les officiers s'entassent et se résignent, comme le dernier des soldats, à manger sur le pouce, l'espace ne permettant pas de dresser de table, et à dormir les uns sur les autres, pressés comme des sardines en baril.

12 SEPTEMBRE 1870.

La canonnade a recommencé ce matin à 5 heures 1/4. Elle a été vive et terrible pendant toute la journée. Vers midi, deux bombes lancées, des hauteurs de Reyerschwillers, vers la place d'artillerie, s'abattent sur les parements de l'arc de la voûte servant d'issue au fort. L'une de ces bombes, projetée par le choc sous la voûte, roule, mèche allumée, sur le sol légèrement incliné sur ce point, pour aller éclater à vingt mètres de distance où étaient réunies, au nombre de soixante hommes, les gardes montantes et descendantes.

Nous ne saurions décrire l'effet effrayant qu'a produit l'approche de cet engin de mort se dirigeant, sans bruit, vers le groupe de soldats réunis dans un espace aussi restreint et sans issue. Tous ces hommes, saisis d'une frayeur légitime, se jettent instinctivement à terre, quelques-uns, hélas! pour ne plus se relever. Les éclats de bombe, exerçant leurs ravages, laissent sur le carreau douze hommes plus ou moins grièvement blessés, parmi lesquels se trouvent cinq douaniers, dont deux survivent à peine quelques heures.

13 SEPTEMBRE 1870.

Le bombardement n'a pas discontinué pendant toute la nuit.

Hier au soir, vers 6 heures, l'ennemi a tiré sur la ville et l'a mise en feu, sans interrompre son tir sur le fort qui ne peut répondre avec fruit, ses principales pièces ayant été démontées.

Le conseil de défense se réunit, à 9 heures du matin, au pavillon de la Petite-Tête où loge le capitaine du génie encore couché. Dès son arrivée dans le pavillon, un cri de détresse, précédé d'une détonation formidable, frappe de stupeur les assistants, qui ont la douleur de constater que M. Guery venait d'être blessé, dans son lit, d'un éclat de pierre détaché du mur par un éclat d'obus.

Le Comité, statuant sur la demande de M. Lautenschlayer, maire de Bitche, décide qu'un parlementaire sera envoyé à l'ennemi pour lui proposer un armistice de 24 heures, afin de permettre aux habitants de la ville de se retirer librement.

Cette proposition, toute naturelle de la part d'une population non belligérante, a été, le croirait-on? impitoyablement refusée, et à peine le parlementaire avait-il remis le pied dans Bitche que le feu a recommencé, du côté des Bavarois, avec un acharnement tenant de la sauvagerie.

La population, abattue, consternée de cet indigne refus, se lamente, se désole, se rue, affolée, partout où elle peut se mettre à l'abri de la mitraille et du feu, et, pendant ce temps, les Bavarois, fiers de leurs prouesses, font photographier l'image de leur dévastation.

L'histoire ne pourra qualifier les tristes péripéties de ce drame digne des barbares du bas empire.

Il est six heures et la canonnade persiste. La nuit se passera-t-elle comme la précédente ? On doit le craindre.

La mitraille a déjà fait au fort des ravages inouïs, les constructions supérieures sont fortement endommagées ; quelques-unes menacent ruine.

Les bombes de l'ennemi, d'une puissance égale par leur chute à 70,000 kilogrammes, font des trouées atroces. On se demande si, lorsque les édifices supérieurs seront rasés, les voûtes des casemates pourront résister à la puissance inouïe de ces projectiles. Les hommes compétents paraissent convaincus de l'affirmative.

Le percepteur de Rimling, M. Varin, venu à Bitche pour se mettre à l'abri de l'invasion, et qui, en son ancienne qualité de sous-officier de l'armée, avait été nommé capitaine de la garde nationale, a été tué aujourd'hui près de la poudrière du fortin par un éclat d'obus.

Ce jeune homme, excellent de caractère, tant dans la forme que dans le fond, avait acquis de nombreuses sympathies dans la ville. Nous rendons à sa mémoire l'hommage de nos regrets partagé par toutes les personnes qui l'ont connu.

14 SEPTEMBRE 1870.

Le feu avait cessé, hier au soir, vers huit heures. Il a recommencé ce matin à trois heures. Quel réveil !!!

Des bombes, lancées sur le pavillon des prisonniers de la Grosse-Tête, mettent le feu à ce bâtiment sous lequel se trouvent placés un nombre considérable de barils de poudre. La panique est générale; le concierge de la prison et sa femme s'échappent par les souterrains. Un artilleur se charge de leur enfant en bas-âge, et, au moment où il traverse un passage découvert, un obus éclate à ses pieds. Si, comme saint Christophe, l'artilleur ne portait pas le Sauveur sur ses épaules, il avait au moins pour fardeau l'innocence sur laquelle la Providence veillait ; les projectiles l'ont respecté.

L'incendie se développe ; nous touchons à un doigt de notre perte ; les poudres, parquées sous le foyer incandescent du pavillon, peuvent prendre feu ; encore quelques minutes, et le fort sautera en débris par l'explosion terrible de la mine. Cependant, dans ces circonstances difficiles, des hommes se dévouent ; ils grimpent sur les toits malgré le torrent de projectiles que l'ennemi vomit sur l'édifice enflammé. Le douanier Baudoin, au mépris de tout danger, se signale entre tous. Une chaîne de secours, depuis la Grosse-Tête jusqu'au puits, s'organise par les souterrains et bientôt le danger est conjuré. Maîtresse du feu, l'administration s'ingénie pour mettre le dépôt de poudre à l'abri des bombes incendiaires ; elle fait démolir les murs pour servir de blindage aux soubassements et nous met ainsi à couvert contre les dangers d'une explosion.

Nous ne pouvons nous empêcher ici, nous faisant l'organe des justes critiques provoquées par le choix malencontreux du caveau où les poudres se trouvaient déposées, de blâmer ce choix et de dire que le génie avait été bien mal inspiré en plaçant des poudres dans un souterrain dont la voûte se trouvait à la surface du sol et dans lequel existait une cheminée.

Il est midi, le tir vers le fort s'est ralenti, mais il semble plus intense sur le ville : les Bavarois veulent sans doute en compléter la destruction. L'incendie, en effet, se déclare sur plusieurs points à la fois.

Les prisonniers de guerre sont transférés de la Grosse à la Petite-Tête, afin de les mettre à l'abri des obus dont leurs compatriotes nous gratifient.

Dans la soirée, le commandant du 4e bataillon des douanes, M. Narrat, et le capitaine adjudant-major, M. Thilmont, ont failli être victimes de leur dévouement. Etant sur la place d'honneur, pour faire exécuter un ordre de la place, ils ont pu éviter, en se jetant à terre, les éclats d'un obus lancé dans leur direction. M. Narrat a reçu dans sa chute deux fortes contusions à une jambe.

15 SEPTEMBRE 1870.

La canonnade, qui n'a cessé hier qu'à une heure très avancée de la nuit, a recommencé à la pointe du jour pour ne pas s'arrêter de toute la journée (1).

Vers midi, un artilleur a été coupé en trois morceaux par des éclats de bombe.

(1) Nous avons constaté que l'ennemi tirait de 5 à 6 coups par minute. En prenant la moyenne pour base, nous arrivons au chiffre de 20 mille coups environ tirés sur le fort du 11 au 22 septembre. C'est le chiffre, du reste, accusé par les Bavarois.

Notre situation est affreuse. Quand cessera-t-elle ? Une personne bien renseignée nous apprend que l'ennemi avait résolu de réduire en cendres la ville de Bitche et les constructions supérieures du fort, sans avoir cependant l'intention d'en faire l'assaut. Dans quel but alors tous ces ravages ?

Brûler une ville sans nécessité ; livrer à la ruine, au dénuement une population inoffensive, sans résultat pour l'ennemi, sont des crimes que nous signalons sans les discuter. Dieu ! Dieu seul les jugera !!!

L'incendie continue ses ravages dans la ville. Les principaux habitants, ceux qui ont ailleurs un asile, fuient ; le maire, l'adjoint abandonnent leurs administrés dans la détresse et dans le plus profond abattement. La plupart de ceux-ci, sans feu ni lieu, se réfugient dans les bastions, sous les ponts levis, partout où ils peuvent se mettre à l'abri des obus et des bombes. Anéantis par le désespoir et la frayeur, ils sont recueillis par des soldats qui s'ingénient, se multiplient pour soulager la souffrance et le malheur.

Des femmes enceintes, accouchant avant terme, sont dans la nécessité de se livrer aux soins de nos braves militaires, transformés dans ces circonstances difficiles en médecins ou garde-malades.

Une femme, morte de peur, Mme Floué, est abandonnée par sa fille et son mari.

Un homme, père d'une nombreuse famille, qui se réfugiait dans une cave, est foudroyé par un éclat d'obus au moment où il se croyait à l'abri de la mitraille.

Un jeune homme de vingt ans perd la raison.

Les rues désertes, abandonnées, sont encombrées de meubles et d'objets de literie, tristes épaves de l'incendie.

Un officier du 86e de ligne, M. Fargeas, nous raconte, navré de douleur et d'effroi, qu'il a vu, dans un ruisseau, la tête d'un enfant séparée du corps par un obus, et une femme couverte de sang tenant dans ses bras un enfant à la mamelle (1).

Effets horribles de la guerre ! Désolation des désolations !!! Quel compte rendra-t-on à Dieu de cette ville incendiée sans but et sans nécessité, de cette population ruinée, de ces malheureux aliénés, de ces enfants mutilés par la mitraille, de ces nourissons privés du lait de leur mère, de tous ces crimes enfin dignes des barbares !

16 SEPTEMBRE 1870.

Des mesures extraordinaires ont été prises pendant la nuit pour nous mettre en

---

(1) Ce fait, contesté par quelques personnes, nous a été affirmé sur l'honneur par le capitaine Fargeas. Les renseignements ultérieurs nous ont appris que ce brave capitaine avait été le jouet d'une affreuse hallucination.

état de repousser un assaut que l'ennemi devait tenter, suivant l'avis donné par une personne de Schorbach au commandant de la place... Aucune tentative n'a eu lieu. Mais le tir, sans être violent, n'a pas discontinué. Vers le matin, il prend une nouvelle intensité et se prolonge pendant une grande partie de la journée.

L'ennemi a établi, à droite de la ferme aux Loups, sur le tournant de la route de Lemberg, à 1,200 mètres environ du fort, une batterie de pièces de quatre pour prendre la citadelle en biais.

Cette batterie, sur laquelle des officiers du 86e s'amusaient à tirer des coups de fusil pour en débusquer les servants, ne nous fait aucun mal.

A six heures du soir, des bombes incendiaires, lancées sur le parc d'artillerie, parviennent à y mettre le feu, qui gagne bientôt les magasins et l'immeuble affecté aux bureaux et au logement particulier du commandant de place.

L'ennemi voyant le succès de son tir, s'acharne sur les flammes qu'il attise par un torrent de projectiles. Il est impossible de songer à arrêter les progrès rapides de l'incendie. Les moyens, d'ailleurs, nous font entièrement défaut : le génie, auquel les premiers besoins du fort auraient dû suggérer le désir de s'assurer des voies et moyens d'extinction, n'ayant pas eu la pensée de faire réparer les pompes dont il pouvait disposer.

La place fait le sacrifice des immeubles pour s'attacher à sauver les objets qu'ils renferment, et tout le monde, dans un milieu d'ordres souvent contradictoires, fait son devoir. Beaucoup d'objets néanmoins sont perdus. Des archives, des armes, des caisses entières de mousquetons, constituant l'armement du bataillon des douanes, deviennent la proie des flammes.

Le génie doit reconnaître, en ce moment, la grosse faute qu'il a commise en ne faisant pas enlever, comme l'avait décidé le conseil de défense, les toitures de tous les bâtiments dont la boiserie pouvait facilement prendre feu. Puisse cet exemple être un enseignement pour l'esprit méticuleux de celui qui, pour sauver une tuile, a exposé aux flammes des édifices entiers.

17 SEPTEMBRE 1870.

L'ennemi, guidé par le bruit de la hache et de la scie, n'a pas un instant cessé, la nuit dernière, de tirer sur le fort. Les obus et les bombes semblaient être dirigés surtout vers la manutention où se trouvaient des soldats occupés à couper la galerie en bois reliant ce bâtiment à la caserne.

Nous devons, dans cette circonstance, rendre hommage au courage d'un brave soldat, le sieur Guillemain Jean, natif de Manste (Charente) qui, sous le feu et la mitraille, n'a abandonné la scie qu'après avoir accompli sa tâche.

Disons encore que ce soldat, aussi religieux que brave, affrontant tous les dangers dans un moment où la chapelle était devenue l'objectif du tir bavarois, a eu le courage de s'y rendre plusieurs fois pour sauver de la destruction les objets précieux qui s'y trouvaient. Ces objets, soigneusement emballés par nous, ont été commis à la garde du sieur Steimetz, chef de la boulangerie.

18 SEPTEMBRE 1870.

Ce matin, dimanche, vers onze heures, la canonnade a cessé. Nous pensions que l'ennemi avait voulu compléter la semaine et qu'enfin il nous serait permis de respirer l'air pur de la journée. Notre illusion a duré moins que ce que vivent les roses : vers deux heures de l'après-midi, les détonations ont repris pour ne pas discontinuer de toute la journée. Le point de mire de l'ennemi était de nouveau la manutention sur laquelle se trouvaient perchés une trentaine de soldats volontaires, chargés d'en démolir la toiture.

Honneur au courage de ces braves soldats qui ont poursuivi leur tâche jusqu'au bout.

Honneur aussi aux braves douaniers Schuver, Baclin, brigadiers, Schneider, Fischer, Hugret, Jécko, Bour, Mathis et Cailloux, préposés qui, dans le même moment, se trouvaient sur la place d'honneur où pleuvait la mitraille, et qui sont demeurés à leur poste jusqu'à complète exécution de l'ordre de service.

La Providence veillait sur le fort aujourd'hui; nous n'avons pas de pertes à déplorer. Une bombe, tombée perpendiculairement sur la tête d'un factionnaire, le sieur Pech, a emporté la visière de son képi. sans lui faire aucun mal.

19 & 20 SEPTEMBRE 1870.

Le bombardement n'a eu lieu aujourd'hui que par intervalles. Il s'est prolongé dans la nuit et n'a pris de l'intensité que dès le matin du 20 septembre jusqu'à 8 heures. Après cette heure, nous sortons des casemates pour respirer l'air pur. Le temps est magnifique. Nous recherchons les causes de la suspension du tir, lorsque, vers 9 heures, nous voyons arriver, du côté de Niederbronn, une voiture attelée de deux chevaux et sur laquelle flotte un drapeau blanc.

Est-ce un parlementaire?

Bientôt après nous apprenons que c'est

M. Willengens, médecin cantonal, qui s'est chargé d'apporter des lettres de France pour des officiers de la garnison.

Ce docteur nous donne la triste nouvelle que notre armée, battue à Sedan, a été obligée de capituler; que l'Empereur, fait prisonnier avec 80,000 hommes, a déposé son épée entre les mains du roi Guillaume, et qu'enfin, à la suite de ces désastres, un gouvernement provisoire, ayant pour chef Jules Favre, s'est constitué à Paris.

Ces nouvelles, qui ne rencontrent d'abord aucun crédit et qui n'étaient que trop vraies, jettent la perturbation dans les esprits.

A midi précis, le canon résonne de nouveau, et l'ennemi, poursuivant son œuvre de destruction, met le feu au moulin qui se trouve en dehors des remparts, dans la pensée que cette usine peut fournir des farines à la ville.

Vers 6 heures du soir, la canonnade prend des proportions plus vives : elle tue un sous-officier d'artillerie, le sieur Broisson, qui reçoit un éclat d'obus en pleine poitrine, au moment où il se retirait dans les casemates.

21 SEPTEMBRE 1870.

Le canon, tiré à de rares intervalles, pendant la nuit, a cessé son feu ce matin à 8 heures. A partir de ce moment, le tir du fort est demeuré sans réponse.

Mais l'investissement continue avec plus de rigueur que jamais. L'ennemi semble vouloir nous prendre par la famine. Non seulement il intercepte les communications pour que nous ne puissions renouveler nos approvisionnements, mais encore il veut nous priver d'eau. Il a aujourd'hui coupé le conduit des eaux alimentaires de la seule fontaine de Bitche. Cette infamie est attribuée à la trahison d'un chenapan de la commune, qui a dû indiquer à l'ennemi les aqueducs des coteaux de Reyerschwillers où la fontaine prend sa source.

22 SEPTEMBRE 1870.

Nous avons aujourd'hui une bonne journée; le temps est beau et l'ennemi ne nous inquiète pas. Nous en profitons pour descendre en ville, afin d'apprécier par nous-même les désastres de la cité naguère si bruyante, si animée. Quelles horreurs, grand Dieu ! Nous renonçons à retracer le tableau affligeant qui s'offre à nos sens...

Le tiers au moins des maisons ne présente que des monceaux de ruines. Les habitants les plus aisés ont disparu. Le curé, M. Ritz, et ses vicaires, que le plus impérieux devoir, dans ces moments de désolation et d'horreur, aurait dû attacher à la paroisse, se dérobent à leurs ouailles pour fuir le danger. Nous ne pouvons blâmer assez hautement l'*ultima ratio* de leur conduite, comme nous blâmons la fuite de l'autorité civile qui a laissé la partie des maisons épargnées par les flammes à la merci des pillards et des vauriens de la localité.

En désavouant la conduite de M. le curé, nous ne saurions trop rehausser celle du directeur du séminaire, M. l'abbé Guépratte. Ce digne et courageux ecclésiastique, qu'aucun devoir ne retenait à Bitche, est resté à son poste, distribuant aux nécessiteux ses ressources personnelles, prodiguant à tous ses soins et ses conseils.

Jamais constellation ne saurait plus dignement briller que sur la poitrine de M. Guépratte. Nous désirons sincèrement que les dispensateurs des récompenses publiques l'apprécient comme nous.

Ce n'était pas assez des ravages par l'incendie ; il fallait couronner l'œuvre des Bavarois par le vol et le pillage ! Et, faut-il l'avouer ? ce couronnement a été accompli par des Français, par des habitants même de la localité, et, chose ignoble à dire, avec le concours de quelques misérables et lâches soldats recueillis dans le camp retranché !

Nous avons déjà dit que ce camp retranché, sous la désignation d'isolés, était composé de soldats laissés en déroute à la suite de la bataille de Wœrth. Parmi eux, il existe des braves dont nous ne saurions trop exalter le mérite, mais il y en a aussi dont la bassesse et la lâcheté sont au-dessous de toute expression. Ce sont ceux-ci qui, guidés par les pillards de la localité, ont volé les caves et les maisons respectées par le feu.

L'autorité municipale est reconstituée. Le commandant de la place, muni de tous les pouvoirs, confère à M. Lamberton, 1er conseiller municipal, le titre de maire provisoire. Cet officier public, doué d'une rare énergie, rétablit l'ordre. Il institue une commission de recherches et parvient ainsi à mettre les propriétaires en possession d'une grande partie d'objets volés.

Nous ne saurions trop louer la vigilance avec laquelle M. Lamberton a rempli son mandat.

Un parlementaire bavarois s'est présenté, aujourd'hui, sous le prétexte plus apparent que réel de nous apporter des journaux. Le véritable motif de sa venue était d'appeler la bienveillance du commandant de place sur les deux prisonniers journalistes, pour lesquels, d'ailleurs, l'administration avait eu jusqu'alors tous les égards compatibles avec leur position.

Les journaux ont été renvoyés au camp ennemi sans avoir été lus par la place.

23 SEPTEMBRE 1870.

L'ennemi renonce, paraît-il, à nous bombarder plus longtemps. Nous apprenons qu'il a conduit des pièces de siége vers Deux-Ponts, et nous voyons dans la journée une colonne d'environ 400 hommes se diriger par les forêts vers Niederbronn.

Cette colonne, qui semble descendre de la Rosselle, a traversé la voie ferrée près la demeure du premier garde-voie. Elle essuie en passant quelques coups de canon du fort.

Des fantassins aperçus à la *cense aux loups* (ferme aux loups), font supposer que l'ennemi a établi des postes dans les environs.

24 SEPTEMBRE 1870.

Les Bavarois ne se montrent pas, cependant l'investissement continue ; nous ne recevons aucune communication de l'intérieur.

Par mesure de précaution et afin de ménager la viande fraîche, le comité d'approvisionnement décide que les chevaux disponibles seront livrés à la boucherie et distribués aux troupes dans une certaine limite.

25 SEPTEMBRE 1870.

Aucun changement n'est apporté dans notre situation. Nous avons aperçu dans la soirée, au tournant de la tranchée du chemin de fer, direction de Lamberg, la fumée d'une locomotive. Quelques coups de canon ont été tirés sur ce point.

26 SEPTEMBRE 1870.

Deux habitants de Schorbach sont venus nous apprendre que les Bavarois avaient détruit ce matin les barraques de campement et qu'ils avaient quitté la contrée pour se diriger vers Niederbronn. L'investissement est moins tendu, et les routes aboutissant à Bitche s'animent sensiblement. Nous résolvons de sortir des casemates.

Cependant comment faut-il s'installer ? La caserne, dont la toiture est enlevée, est livrée aux quatre vents par les nombreuses trouées que les obus ennemis ont fait dans les murs. On décide qu'une compagnie restera dans les casemates et que les deux autres prendront possession des chambrées disponibles dans la caserne, sauf à alterner cette prise de possession de façon que chaque compagnie passe à son tour dans les soubassements.

Les officiers reprennent leur logement dans le pavillon primitivement occupé par eux, en se resserrant de plus en plus pour faire place aux commandants dont les appartements primitifs sont entièrement brûlés.

Faisons connaître, en passant, comment nous étions dans les souterrains. Ce souterrain (1) situé entre la grande casemate dans laquelle se trouvaient entassés 800 hommes du 86e, et les casemates du four donnant accès au parc des bestiaux, au grand puits et au magasin d'artillerie, ce souterrain, disons-nous, était pendant le bombardement un lieu de passage dans lequel défilaient, jour et nuit, non seule-

(1) Nous avons fait la description de ce souterrain à la date du 11 septembre.

ment les hommes de corvée, mais encore tous les hommes de garde. Le va et vient qui en résultait mettait naturellement en permanence le mouvement de grosses portes dont le roulement sur leurs gonds rouillés rendait des sons à crisper les nerfs les plus souples. Ajoutez à cet agrément peu musical, les miasmes d'une odeur infecte émanant, soit de la grande casemate, soit des écuries. Représentez-vous encore le charme d'une cohabitation avec une famille de huit jeunes enfants se chamaillant sans cesse et dont la mère épuisée rompt le silence de la nuit par des quintes de toux chroniques à arracher les entrailles, et vous aurez un aperçu des douceurs que nous avons éprouvées pendant les 16 jours consécutifs passés dans les casemates.

27 SEPTEMBRE 1870.

Quelques membres du comité de défense,

désireux de se transmettre à la postérité, insinuent l'idée, qui est accueillie, de se faire photographier en groupe.

Nous manquerions à notre devoir si nous n'esquissions pas ici le portrait de chacun de ses défenseurs.

M. Teyssier, commandant de la place,

A la physionomie douce et intelligente, teint frais, par moment bistré. Ses traits sont réguliers, légèrement contractés par un tic nerveux — reliquat glorieux d'une balle ennemie qui, en Italie, lui traversa le corps en pleine poitrine. — Sa taille est moyenne, son esprit conciliant sans manquer de fermeté. Aussi bon que brave, M. Teyssier est craintif quand sa responsabilité est en jeu, et courageux jusqu'à la témérité quand il ne s'agit que de son individualité. En résumé, c'est un beau type militaire, payant toujours de sa personne là où est le danger.

M. Bousquet, commandant du 2ᵉ bataillon du 36ᵉ de ligne.

M. Bousquet est d'une taille ordinaire, un peu obèse et lourd. Il a le teint rose et frais ; la régularité de ses traits rend avantageux l'ensemble de son visage qui ne compte pas d'âge précis. On peut lui donner impunément de 45 à 55 ans. Méridional dans toute l'acception du mot, il a les défauts et les qualités des gens de son pays ; il est vif, bruyant, en apparence un avale *tout crû* et au fond incapable de faire du mal à une mouche. Il a fait, comme militaire, ses preuves en Crimée et en Italie où sa bravoure et son courage ont été appréciés. Il a soin du soldat comme de lui-même. Son intelligence et ses aptitudes particulières semblent devoir l'acheminer vers les grades élevés.

M. Narrat, commandant du 4ᵉ bataillon des douanes.

Taille élevée, tempérament sec et robuste, nez aquilin, bouche souriante, laissant à découvert une rangée de dents d'un blanc superbe. Sa figure intelligente et pleine de douceur, encadrée d'une barbe bien fournie et de cheveux ayant la couleur du jeune âge, est loin de révéler les 58 printemps que lui confère son acte de naissance.

M. Simon. sous-intendant.

M. Simon est un jeune homme bien élevé, son affabilité et sa bienveillance attirent à lui. Sa taille est au-dessus de la moyenne. La régularité et la douceur de ses traits, agrémentés d'une barbe noire faisant ressortir son teint mat, présentent l'ensemble d'une physionomie sympathique.

M. Simon, aussi intelligent que modeste, a fait partie de l'armée active dans laquelle il a servi en qualité de capitaine d'état-major. Nous ne croyons pas nous tromper en lui prédisant les plus hautes destinées dans la carrière qu'il a embrassée.

M. Guery, capitaine du génie.

M. Guery est petit de taille et gros, aux épaules arrondies, vieilli par le travail. Il a les cheveux presque blancs, le front bombé, le nez épaté, la bouche et le menton en avant, le visage éclairé par deux yeux incolores couverts de lunettes. Ses mérites transcendants, paraît-il, sont délustrés par les travers d'un caractère aigri et violent, généralement peu sympathique.

M. Jouart, capitaine d'artillerie.

Nous ne connaissons pas parfaitement cet officier. Nous savons seulement qu'ayant contracté une entorse dans une chute de cheval, il a été envoyé au fort pour s'y rétablir et y diriger en même temps le service de l'artillerie. Nous l'avons vu assez souvent circuler au château, clopin clopant, la canne à la main et un binocle en bandoulière, les yeux fixés à terre, ayant un air sérieux et préoccupé, paraissant chercher une inspiration dans la longueur de ses moustaches qu'il frise et défrise d'une main très amaigrie.

M. Jouart est petit de taille, ses traits sont réguliers mais sans expression. Du reste, nous ne saurions parler favorablement de cet officier qui n'a pas craint de mettre en suspicion notre honorabilité, en faisant opérer des perquisitions dans notre demeure sous le vain prétexte de rechercher des notes compromettantes pour la défense du fort, et dont le seul but était de faire mettre la main sur le journal que nous rédigions.

28 SEPTEMBRE 1870.

L'investissement est moins tendu. Les Bavarois ont, en partie, quitté les environs de Bitche pour se diriger sur Strasbourg.

De nombreux habitants des communes voisines ont pu circuler librement et aboutir, jusqu'ici, pour annoncer la disparition complète de l'ennemi, des environs de Schorbach et d'Haspelschiedt.

Le commandant de place a essayé aujourd'hui de faire parvenir au gouvernement, par la voie de Bavière, une dépêche renfermant sommairement la situation du fort depuis son investissement. Cette dépêche, adressée sous le couvert d'un receveur des douanes, M. Hippert, retiré provisoirement dans le Grand-Duché de Luxembourg, était accompagnée d'une recommandation pressante dont nous reproduisons les termes :

« Bitche, le 28 septembre 1870.

« Monsieur, s'il vous est possible de faire parvenir cette dépêche au gouvernement français, par une voie sûre, vous rendriez au gouvernement et à nous un service signalé.

« Je compte sur votre patriotisme et suis votre dévoué,
« Le commandant de place,
« Teyssier. »

M. Hippert, se montrant digne de la confiance qu'il avait inspirée, eut la pensée d'envoyer copie de la lettre du commandant de place à trois destinations différentes : aux maires de Lille et de Marseille et à un curé de village habitant le centre de la France. Cette pensée fut pleinement couronnée de succès.

Nous devons ici accorder un témoignage de reconnaissance à ce brave receveur qui, par dévouement, a su fournir aux officiers du fort, sans distinction de grade et de corps, les moyens de correspondre avec leur famille. Les dépêches, envoyées sous double enveloppe par la Bavière, à destination du Luxembourg, étaient reçues par lui et dirigées en France par ses soins.

29 SEPTEMBRE 1870.

La place décide qu'une sortie aura lieu aujourd'hui même. Les dispositions sont prises immédiatement, et, vers une heure et demie du soir, une compagnie du 86ᵉ de ligne, commandée par le capitaine Palazzi, ayant pour auxiliaire les lieutenants de Nonancourt et Neurisse, se met en marche pour appuyer une colonne d'environ deux cents hommes partis du camp retranché sous les ordres du capitaine de la Motte.

Cette sortie, ayant pour but de détruire les retranchements opérés par l'ennemi, a été effectuée avec vigueur et entrain par nos soldats. Malgré la résistance des postes d'observation existant sur les hauteurs de Reyerschwillers, ils ont accompli leur mission, et, après avoir fait essuyer quelques pertes à l'ennemi, ils sont rentrés dans la place ayant deux soldats blessés, dont l'un mortellement.

Dans son ordre du jour, le commandant de la place a signalé, comme s'étant particulièrement distingués dans cette affaire, les dénommés ci-après :

MM.

Ramel, brigadier au 5e hussard ;

Bardol, capitaine de la garde nationale ;

Guérin, volontaire ;

Charpentier, maréchal-des-logis au 2e chasseur ;

Chevalier, soldat au 86e ;

Lacouture, id.   id. ;

Zouffran, id. au 46e ;

Baqué,   id.   id. :

Gardin,   id. au 5e chasseurs ;

Michaux, id. au 86e ;

Durand,   id. au 47e ;

Koffmann, id.   id. ;

Pelat,   id. au 46e ;

Schouès, maréchal-des-logis au 5e hussard ;

Beouti, maréchal-des-logis au 5e hussard.

30 SEPTEMBRE 1870.

Le camp retranché a effectué une reconnaissance dans la plaine, au nord-est du fort et vers Reyerschwillers, avec l'intention de mettre le feu aux fermes de Rochat et de la Cense-aux-Loups, servant de refuge à l'ennemi. Le but a été atteint, mais non sans pertes. Dans un engagement sur les hauteurs de Reyerschwillers, nous avons eu un soldat tué et deux blessés.

Afin que les divers corps représentés par les isolés soient désormais placés sous une seule autorité, le commandant Teyssier impose une organisation provisoire de ces isolés et en forme un régiment.

Cette mesure, sollicitée dans l'intérêt de l'ordre et de la discipline, est favorablement accueillie.

DU 1ᵉʳ AU 4 OCTOBRE 1870.

Nous avons à écrire à ces dates une pénible page. Les faits que nous avons à rapporter nous touchent de près, puisqu'il s'agit du corps des douanes auquel nous nous faisons un honneur d'appartenir. Fidèle, néanmoins, à notre rôle d'historien impartial, nous raconterons sans ambage ni détour les choses telles qu'elles se sont produites, laissant à chacun la responsabilité de ses actes.

Personne ne doit ignorer que le bataillon des douanes, envoyé au fort de Bitche, est composé en majeure partie d'anciens serviteurs, presque tous mariés, pères de famille et, un certain nombre, ayant acquis des droits à la retraite.

Lorsque le bataillon reçut l'ordre de se réunir à Bitche, personne ne croyait à l'invasion étrangère. Les officiers, comme les préposés, pensaient, malgré leurs regrets légitimes de se séparer de leur femme et de leurs enfants, qu'en venant à Bitche, ils pourraient entretenir des relations et venir, en temps opportun, à leur secours au moyen de la solde indemnitaire qu'on leur avait fait espérer, ou avec leur propre traitement.

Malheureusement, les choses ne se sont pas passées ainsi : le pays a été envahi, le fort de Bitche investi, bombardé, et les malheureux employés des douanes, étant privés de leur traitement, forcés de laisser leur famille dans le plus complet dénuement.

Nous avons en effet appris que des femmes de préposés, en butte à la plus affreuse misère, se trouvaient sans crédit et menacées d'être chassées de leur logement faute de paiement du loyer.

Comprendra-t-on la malheureuse situation au fort de certains agents dont l'amour paternel vibrait au cœur? Comprendra-t-on que cette situation ait fait naître dans la pensée de ces malheureux pères de famille le désir d'accourir auprès de leur femme, de leurs enfants, pour apporter auprès de tous, sinon du pain, du moins des paroles de consolation et d'espérance, et que ce désir se soit imposé sans qu'ils aient mesuré la profondeur de la faute commise par une absence irrégulière et que la règle absolue — trop absolue — de la place, ne permettait pas d'autoriser?

Eh bien! c'est la page née de cette situation que nous avons à écrire.

Le 1er octobre, deux officiers, MM. Buzy et Mangin, partent du fort, se revêtent en ville d'habits bourgeois et se rendent, le premier, à Erching, pour se montrer à sa femme désolée, à laquelle on avait annoncé qu'il avait été tué; le deuxième, à Welferding, auprès de sa femme dangereusement malade des suites d'une fausse couche.

Ces fâcheuses disparitions, accomplies sournoisement et sous la seule responsabilité de ses auteurs, ont-elles eu pour effet de donner un mauvais exemple?

Toujours est-il que, le 3 et le 4 octobre, vingt hommes ne répondent pas à l'appel.

Le commandant du bataillon, M. Narrat, vivement affecté de ces défections et comprenant le déplorable effet qu'elles produiront dans les esprits déjà mal disposés envers le corps des douanes, en prend la responsabilité dans la pensée que les absences ne se prolongeront pas au-delà du délai nécessaire à chacun pour mettre ordre à ses affaires. Mais il n'en fut pas ainsi; M. Narrat, ne pouvant plus garder le silence sur la situation sans engager gravement sa responsabilité, se décide à en référer au commandant de la place.

La dépêche écrite à ce sujet étant le

reflet exact des préoccupations de notre inspecteur, nous croyons devoir la reproduire textuellement.

« Fort de Bitche, le 4 octobre 1870.

« Commandant,

« Vous avez été informé que deux offi-
« ciers du bataillon avaient disparu du
« fort, le 1er courant, après déjeuner. Cette
« désertion honteuse, que l'on ne saurait
« trop flétrir, a tout naturellement en-
« traîné celle de 14 douaniers, parmi les-
« quels on compte un sergent-major et un
« caporal. Ces hommes n'ont pas répondu
« à l'appel du 3 au 4, et à celui de ce jour
« nous avons le regret de constater l'ab-
« sence de 6 autres ; total 20 hommes.

« Des hommes mariés et pères de fa-
« mille, vous ne l'ignorez pas, comman-
« dant, constituent en quelque sorte l'effec-
« tif des trois compagnies dont le comman-
« dement m'est confié. Ce sont des douaniers

« et non pas précisément des soldats ; ils
« n'ont pas, comme ces derniers, à ne
« songer qu'à leur personnalité ; ils ne
« peuvent oublier qu'ils ont laissé derrière
« eux leur femme, des enfants qui, par
« suite de leur départ du foyer, manquent
« positivement des choses les plus indis-
« pensables à la vie. Bon nombre de ces
« malheureuses familles meurent littéra-
« lement de faim. Or, il résulte de l'enquête
« à laquelle je me suis livré à cette occa-
« sion, que le départ de ces malheureux
« n'a eu pour les uns d'autre motif que
« celui de revoir femmes et enfants, de les
« rassurer sur leur état de santé, qui,
« d'après les bruits mensongers arrivés
« sous leurs toits, laissait beaucoup à dési-
« rer ; les autres ont été entraînés à leur
« déplorable détermination par la seule et
« unique pensée d'aller arracher dans
« quelques coins de champs qu'ils possè-
« dent, des pommes de terre destinées à

« l'alimentation de leurs familles délais-
« sées.

« C'est là la vérité vraie, commandant;
« il n'y a donc pas eu complot dans la cir-
« constance, chacun a agi isolément, sans
« faire part à qui que ce soit de son projet,
« et ainsi que j'ai eu l'honneur de vous en
« exprimer l'opinion de vive voix, je de-
« meure d'autant plus persuadé de la ren-
« trée prochaine de bon nombre de nos
« fugitifs que six déjà ont reparu.

« Ne croyez pas, commandant, qu'en
« vous exposant, comme je viens de le
« faire, la situation que mes douaniers se
« sont créée, j'aie voulu chercher à atténuer
« la gravité de leurs torts. Non, ces torts,
« j'en sens trop bien toute l'étendue, j'en
« suis personnellement trop indigné et
« trop douloureusement impressionné pour
« chercher à les excuser à vos yeux. Je
« me suis uniquement attaché à vous ex-
« pliquer la cause réelle de ces déplorables

« disparitions et sans entrevoir, je le dis
« avec regret, aucune mesure répressive
« qui puisse y mettre un terme. J'ajoute
« cependant, qu'au point de vue adminis-
« tratif, la conduite de ces hommes sera
« sérieusement examinée et je puis vous
« donner l'assurance qu'elle ne restera
« pas impunie.

« Recevez, etc.

« L'inspecteur, chef du 4e bataillon des douanes,
« Signé : NARRAT. »

Cette lettre, dans laquelle domine le sentiment paternel autant que la sollicitude du chef, n'est pas comprise, et M. Teyssier, esclave de la discipline, sous laquelle il veut, dans la circonstance, abriter sa responsabilité, ordonne à M. Narrat d'instruire militairement chaque absence illégale et de lui en envoyer le dossier dans les formes réglementaires.

5 OCTOBRE 1870.

L'exécution de l'ordre donné par le commandant de place préoccupe vivement le monde douanier, généralement persuadé que, parmi les absents, il n'en existe pas un seul qui ait eu l'intention d'abandonner le bataillon. Cependant, le temps s'écoule, le délai constitutif du cas de désertion approche et les agents réfractaires ne se présentent pas.

Des commentaires surgissent de toute part. Le comité de défense est avisé. Il se préoccupe à juste titre de la situation.

Le capitaine du génie, M. Guéry, et son satellite, le capitaine Jouart, ne laissent pas échapper l'occasion d'exhaler contre la douane l'acrimonie de leur humeur.

Le commandant du bataillon, M. Narrat, très affecté des faits, les déplore sans pouvoir les justifier. Il est chef avant tout et cette condition lui impose de sévères obligations quand son cœur lui commande l'indulgence.

Un seul organe dans ce cénacle, M. Simon, intendant militaire, ose élever la voix en faveur des réfractaires, plus malheureux que coupables. Mais ses paroles, aussi bien exprimées que senties, ne rencontrent aucun écho, et le comité décide qu'un exemple est nécessaire et qu'il y a lieu de le provoquer.

L'inspecteur est dès lors dans la nécessité de prescrire des enquêtes, à la suite desquelles des plaintes individuelles contre les lieutenants Mangin et Buzy, le sous-brigadier Loutter et les préposés Brenner et Gladel, sont déposées entre les mains du commandant de la place.

DU 8 AU 11 OCTOBRE 1870.

MM. Mangin et Buzy, sans se douter le moins du monde de l'accusation qui pèse sur eux, rentrent au fort trop tardivement, hélas! pour qu'il soit possible d'invoquer en leur faveur des circonstances susceptibles de motiver le retrait de leur dossier judiciaire. Ils sont mis aux arrêts et, le 9 octobre, ils reçoivent, par le ministère du commissaire spécial près le conseil de guerre, notification de leur traduction devant le conseil, sous la prévention de désertion à l'intérieur dans une place forte en état de siége, tombant sous l'application des articles 233 et 234 du code de justice militaire et entraînant la destitution et un emprisonnement de 2 à 5 ans.

C'en est fait, l'affaire est engagée, le bataillon des douanes est flétri!

Pouvons-nous cependant laisser frapper d'une peine infamante des hommes innocents du crime qu'on leur impute? Non, notre conscience nous fait un devoir d'éclairer la justice, nous n'y faillirons pas.

Intimement convaincu que les accusés, en s'absentant, avaient agi sans avoir la moindre notion des réglements militaires, et que leur tort était plutôt un acte irréfléchi qu'un acte de désertion proprement dit, nous nous mettons en mesure de faire partager nos convictions au défenseur qui doit prendre la parole dans cette malheureuse affaire.

Les accusés s'adressent à cet égard à M. de Nonancourt, lieutenant du 86e. Ce jeune homme, plein de vigueur et d'énergie, s'identifie avec leur position, approuve les divers moyens de défense que nous lui soumettons et promet de consacrer toute son intelligence à les faire prévaloir devant le tribunal.

12 OCTOBRE 1870.

Les faits importants de la journée du 12 se sont passés dans la chapelle du fort, où se trouvait réuni le 1er conseil de guerre appelé à juger l'affaire Mangin et Buzy.

La composition de ce tribunal nous présente des garanties sérieuses d'une sage et saine appréciation de la cause. Il est malheureusement présidé par un homme passionné, irascible, je l'ai déjà nommé, M. Guéry, qui eût été mieux placé au banc de l'accusateur public qu'à celui de la présidence. Cependant, nous avons confiance que la lumière se fera et nous constatons, avec l'impartialité dont nous ne saurions nous départir, que, abstraction faite de sa fâcheuse habitude de charger les accusés, M. Guéry a dirigé les débats de façon à bien connaître la vérité.

Toutefois, nous ne pouvons nous empêcher de relever l'interprétation savante qu'il a donnée d'un mot dont un témoin s'est servi pour faire ressortir que l'administration, en envoyant le service des douanes en garnison à Bitche, avait eu à la fois en vue l'intérêt des préposés et la sécurité publique.

Le témoin, insistant sur la sollicitude du Directeur général en faveur de ses subordonnés et appuyant sur ce mot : « bienveillance administrative, » est interpellé par le président sur ce que signifiaient ces expressions. Dans sa pensée, quand le Ministre de la guerre envoie un militaire dans un poste où il doit *sûrement être tué,* le Ministre accomplit envers ce militaire un *acte de bienveillance (sic)*.

Nous laissons cette interprétation à l'appréciation des Chauvin du genre.

*

Mais revenons à notre procès. Les accusés interrogés et les témoins entendus, le défenseur, M. de Nonancourt, s'attache à constater que les chefs de l'administration des douanes n'ont pas rempli les formalités prescrites par les instructions, lesquelles imposent au Directeur l'obligation de notifier à chaque chef et préposé sa présentation sur le contrôle de guerre, afin que chacun fût mis en demeure d'accepter ou de refuser la position née de l'établissement de ce contrôle.

Le fait acquis aux débats, M. de Nonancourt en tire cette déduction : que le 4ᵉ bataillon des douanes n'a pas été légalement constitué et que, partant, les hommes qui le composent n'étant pas de fait militaires, ne peuvent être soumis aux règles disciplinaires de l'armée.

Après le plaidoyer de M. de Nonancourt, prononcé avec autant d'assurance que d'énergie, le tribunal rend un verdict de non culpabilité à la majorité de 5 voix contre 2.

A la suite de ce jugement, le commandant de place rend une ordonnance de non-lieu à l'égard des poursuites exercées contre les autres réfractaires, d'ailleurs, tous rentrés à leur poste.

13 OCTOBRE 1870.

Sur l'invitation du 1er conseil de guerre, faite par l'organe de son président à l'issue de la séance d'hier, le commandant du 4e bataillon a soumis aujourd'hui le contrôle de guerre à la formalité prescrite par les règlements.

La notification faite individuellement à chaque agent porté sur le contrôle a eu pour résultat de faire opter pour la démission treize agents de brigades, dont un lieutenant, un brigadier et un sous-brigadier.

Ainsi s'est terminée la fâcheuse équipée des malheureux douaniers qui, pour répondre à des sentiments naturels de cœur, se sont exposés, sans le savoir il est vrai, aux peines sévères de la justice militaire.

Disons, en terminant cette pénible narration, que s'il eût été possible au commandant de place de faire fléchir la règle, en ce qui touche les douaniers, sur les permissions d'absence, et s'il eût voulu comprendre que la position particulière de ce corps pouvait comporter des exceptions, il aurait, à notre avis, évité les absences illégales qui se sont produites.

17 OCTOBRE 1870.

Le capitaine bavarois et les deux journalistes prisonniers de guerre dont nous avons déjà entretenu nos lecteurs, sollicitent du commandant de place un adoucissement à leur position, en ce qui touche leur installation à la Grosse-Tête.

Ils exposent avec raison, qu'en outre de l'insalubrité du local où ils sont enfermés, ils se trouvent pêle-mêle avec des condamnés de justice de toute espèce, que leur honneur et leur dignité réprouvent et que, par suite, ils ne peuvent rester plus longtemps dans une semblable situation sans compromettre leur état moral et physique.

Leur demande est prise en considération, et sur leur engagement de ne pas chercher à s'évader, ils sont envoyés à l'hôpital, en ville, où ils occupent des chambres particulières.

21 OCTOBRE 1870.

Le 2ᵉ conseil de guerre a condamné à mort un nommé Durenberger, de Freischwiller, reconnu coupable d'espionnage et du fait d'intelligence avec l'ennemi.

Ce malheureux, à peine âgé de 20 ans, s'était présenté à Bitche sous l'uniforme militaire comme un évadé de Sedan.

Le but de sa coupable mission était de se

faire inscrire dans les cadres des isolés, de trouver ainsi la facilité d'étudier les diverses issues du fort et de porter ensuite le résultat de ses investigations à la connaissance de l'ennemi.

Frappé à bon droit par la justice, il subira la peine de son crime.

Nous nous occuperons à cette occasion d'un prisonnier détenu au fort, depuis le commencement des hostilités, sous la prévention d'espionnage : un nommé Vaillant, ex-percepteur à Volmunster, révoqué de ses fonctions, vivant depuis longtemps d'expédients pour se procurer des moyens d'existence, a joué, paraît-il, le triste rôle d'espion dans les deux camps, en servant à la fois l'armée ennemie et celle de son pays et peut-être en trompant l'une et l'autre, le but de son ignoble trafic étant de se procurer le plus d'argent possible.

Toujours est-il que cet individu, au moment du départ de Bitche du général de Failly, fut, par ordre de ce dernier, mis en état d'arrestation et conduit au fort.

Etait-il coupable du fait incriminé? Les charges qui pesaient sur lui, et que le général de Failly seul connaissait, n'ont pu être établies.

Le commandant de place, après s'être entouré de tous les renseignements possibles à cet égard, reconnaissant qu'il n'était pas équitable de maintenir indéfiniment le sieur Vaillant en détention, lui a fait ouvrir les portes de la prison.

Nous pourrions dire ici que la position du sieur Vaillant était envisagée sous des points de vue tout à fait différents, et c'est pour cette raison, sans doute, que nous avons vu un fonctionnaire du fort ayant voix au conseil de défense, M. Guéry, en un mot, venir se délasser auprès du captif en partageant avec lui ses heures de loisir.

23 OCTOBRE 1870.

Dans son ordre du jour du 23 octobre, le commandant de la place a annoncé que M. Mathieu, capitaine de gendarmerie, était nommé prévôt du fort.

24 AU 29 OCTOBRE 1870.

Le nommé Durenberger, de Freischwiller, condamné à mort par le 1er conseil de guerre et dont le pourvoi en révision est rejeté, a été fusillé aujourd'hui, à midi, devant la porte des morts. Cette exécution s'est accomplie en présence des troupes du camp retranché.

Le condamné, que la cupidité seule a conduit à une fin tragique, se trouvait enfermé dans la prison de la Grosse-Tête. Quelques instants avant sa dernière heure, il s'est confessé. Retiré de sa cellule, vers onze heures et demie, il a été placé dans un charriot entièrement couvert et conduit, sous l'escorte d'un peloton de douaniers, sur les lieux où la mort l'attendait.

30 OCTOBRE 1870.

Les Bavarois ont envoyé aujourd'hui au fort un parlementaire, uniquement pour remettre des lettres à l'adresse de plusieurs personnes en résidence à Bitche ou au fort.

3 NOVEMBRE 1870.

Nous constatons aujourd'hui un triste résultat des barbaries bavaroises : un vieillard, le sieur Picard, âgé de 72 ans, qui avait péniblement ramassé quelques économies pour acheter une petite maison, n'a pu surmonter le chagrin de voir disparaître par les flammes l'abri de ses vieux jours; saisi de désespoir, il s'est coupé la gorge et s'est jeté dans un puits.

4 AU 8 NOVEMBRE 1870.

Le consul de Neufchâtel, M. le comte de Drée, venant de Tours et envoyé par la délégation, est arrivé au fort le 7 novembre. Il était porteur d'instructions et d'une somme de 50,000 fr. pour les besoins de la place. A ce sujet, le commandant fait paraître l'ordre suivant :

« *Ordre de la place.*

« A la suite de démarches réitérées et tentées dans des directions différentes, le commandant de la place a réussi à faire donner au gouvernement des nouvelles sur la situation de la place et est entré en communication avec lui.

« Après le désastre de Sedan, où l'Empereur a capitulé avec 80 mille hommes, la République a été proclamée à Paris et dans les départements non envahis et un comité de défense nationale a été établi. Le messager du commandant de place s'est présenté porteur d'une dépêche au ministre de l'intérieur et de la guerre qui, bien qu'occupé outre mesure des intérêts de tant de populations en détresse, l'a agréée avec la plus grande bienveillance et a pris connaissance de notre situation.

« Quelque rare que soit l'argent en France, Bitche en aura sa part de manière à pouvoir continuer ses approvisionnements et tenir jusqu'à la dernière extrémité. Le gouvernement compte bien que la garnison de Bitche saura maintenir l'honneur de la France et résister à outrance sans montrer la moindre faiblesse ni se laisser décourager par l'éloignement de nos armées. Le commandant de place a reçu l'assurance la plus formelle que personne ne serait oublié lorsque le moment des récompenses arrivera, mais ce jour ne peut luire qu'après que l'ennemi aura quitté le sol français.

« Il faut donc que chacun en ce moment redouble de courage, car la patrie a besoin du concours de tous ses enfants. La position que nous gardons a une valeur stratégique importante qu'il faut conserver à tout prix.

« Le commandant ne saurait mieux faire pour inspirer à chacun les sentiments du patriotisme le plus pur que de mettre à l'ordre du jour la proclamation à l'armée du ministre de la guerre, proclamation qui ne nous a point été adressée mais qui se trouve reproduite dans un journal étranger qui nous est parvenu :

« Soldats, vous avez été trahis, mais non

« déshonorés. Depuis trois mois la fortune
« trompe votre héroïsme, vous savez au-
« jourd'hui à quel désastre l'ineptie peut
« conduire les plus vaillantes armées. Dé-
« barrassés de chefs indignes de vous et
« de la France, êtes-vous prêts, sous la
« conduite de chefs qui méritent votre con-
« fiance, à laver, dans le sang des envahis-
« seurs, l'outrage fait au vieux nom fran-
« çais. A l'avenir, vous ne lutterez plus
« pour l'intérêt et les caprices d'un despote;
« vous combattrez pour le salut même de
« la patrie, pour vos foyers incendiés, pour
« vos familles outragées, pour la France,
« notre mère à tous, livrée aux fureurs de
« l'implacable ennemi. Guerre sainte et na-
« tionale, mission sublime pour le succès
« de laquelle il faut, sans jamais regarder
« en arrière, nous sacrifier tous. D'indignes
« citoyens ont osé dire que l'armée avait
« été rendue solidaire de l'infamie de son
« chef. Honte à ces calomniateurs, qui,

« fidèles au système des Bonaparte, cher-
« chent à séparer l'armée du peuple, les
« soldats de la République!

« Non! non! j'ai flétri comme je le de-
« vais la trahison de Sedan et le crime de
« Metz, et je vous appelle à venger votre
« propre honneur, qui est celui de la
« France! Vos frères d'armes de l'armée
« du Rhin ont déjà protesté contre le lâ-
« che attentat et retiré avec horreur leurs
« mains de cette capitulation maudite.

« A vous de relever le drapeau de la
« France, qui, dans l'espace de quatre siè-
« cles, n'a jamais subi de pareilles flétris-
« sures!

« Le dernier des Bonaparte et ses séides
« pouvaient seuls amonceler sur nous tant
« de hontes en si peu de jours.

« Vous nous ramènerez la victoire, mais
« sachez la mériter, par la pratique des ver-
« tus républicaines, le respect de la disci-
« pline, l'austérité de la vie, le mépris de

« la mort. Ayez toujours présente l'image
« de la patrie envahie, n'oubliez jamais que
« faiblir devant l'ennemi à l'heure où nous
« sommes, c'est commettre un parricide et
« en mériter le châtiment. Mais le temps
« des défaillances est passé ; c'est fini des
« trahisons ! Les destinées du pays vous
« sont confiées, car vous êtes la jeunesse
« française, l'espoir de la patrie. Vous
« vaincrez ! Et, après avoir rendu à la
« France son rang dans le monde, vous
« resterez les citoyens d'une République
« paisible, libre et respectée.

« *Vive la France ! Vive la République !*

« Le membre du gouvernement,
Ministre de l'intérieur et de la guerre,

« Signé : LÉON GAMBETTA. »

« A partir d'aujourd'hui, tous les actes,
jugements et documents officiels seront éta-

blis, rendus ou faits au nom de la République.

« Bitche, le 8 novembre 1870.

« Le commandant de la place,
« Signé : TEYSSIER. »

9 AU 12 NOVEMBRE 1870.

Le 11 novembre, M. Guéry, capitaine du génie, a donné sa démission de président du 1er conseil de guerre.

13 NOVEMBRE 1870.

Les familles des employés de douanes, privées de la solde depuis le commencement des hostilités, sont dans une situation des plus fâcheuses. Cette situation nous inspire la pensée d'envoyer M. Villémin à Metz, pour rechercher, avec le Directeur, les moyens de l'améliorer.

Nous en conférons avec M. Narrat, et il est décidé que nous serons personnellement chargé de la mission.

L'autorisation du fort est sollicitée et accordée par un ordre spécial de la place conçu en ces termes :

« M. Pradal, sous-inspecteur des douanes, major du 4e bataillon, est autorisé à se rendre en mission à Metz auprès du Directeur des douanes, colonel de la 1re légion.

« Bitche, le 12 novembre 1870.

« Le commandant de la place,

« Teyssier. »

La mission a ses difficultés ; je n'hésite pas cependant à l'accomplir. Sous le déguisement d'un professeur séminariste, je m'engage à travers les lignes ennemies et je parviens sans encombre à Sarreguemines. Le lendemain, je me rendis à Metz où je trouvai mon colonel-directeur, non seulement animé des dispositions les plus favorables, mais vivement préoccupé de la situation nécessiteuse des familles des préposés.

Comment y remédier ? Les caisses administratives sont vides ou épuisées par les Prussiens. Le crédit, sans confiance. L'idée de faire un emprunt vient à l'esprit. Des négociations avec un banquier sont immédiatement entamées, mais n'aboutissent pas.

Un moyen reste encore à M. le Directeur : celui de s'adresser à la délégation du gouvernement, à Tours, par la voie diplomatique. Voici en quels termes il fait connaître ses démarches à cet égard :

« Je viens d'écrire à l'ambassadeur fran-
« çais, à Bruxelles, pour lui exposer la
« mauvaise situation de nos familles de

« préposés et le prier en grâce de deman-
« der, sans retard, à la délégation de Tours,
« l'ouverture, à la recette générale des fi-
« nances de Lille, d'un crédit de 60,000 fr.
« destiné à payer l'arriéré des traitements.

« Si je réussis dans cette démarche, la
« seule possible dans la circonstance, un
« banquier de Metz se chargera de faire
« venir les fonds.

« Ma lettre part ce soir même (18 no-
« vembre) pour Luxembourg où un ban-
« quier ami et correspondant de celui de
« Metz, l'enverra de suite à Bruxelles.

« Inutile d'ajouter que mes vœux les plus
« sincères sont pour le succès de cette nou-
« velle démarche. Que MM. Narrat et Pra-
« dal fassent donc prendre patience à nos
« malheureux défenseurs de Bitche. Tout
« ce qu'il sera humainement possible de
« faire pour eux, je continuerai à le ten-
« ter. »

17 NOVEMBRE 1870.

La citadelle est dans la jubilation : un officier du 86e, M. Mondelly, envoyé en mission à Tours, annonce de Bruxelles les promotions suivantes :

Le commandant de place et celui du 86e, M. Teyssier et M. Bousquet, sont élevés au grade de lieutenant-colonel.

Les capitaines Blusset et Fenoux du 86e, ainsi que le capitaine du génie, M. Guéry, passent commandants.

Le capitaine Jouart, commandant l'artillerie de la place, est promu au grade de chevalier dans l'ordre de la Légion d'honneur.

19 NOVEMBRE 1870.

M. Mondelly, de retour de sa mission à

Tours, apporte les nominations officielles des officiers dont nous venons de parler et des instructions pour le commandant de la place, au nombre desquelles se trouve une délégation de pouvoirs absolus en ce qui touche l'administration de la citadelle et l'organisation des forces défensives. Le gouvernement lui confère aussi le droit de décerner des récompenses militaires.

20 NOVEMBRE 1870.

Par son ordre du jour, le Gouverneur de la place demande aux chefs de corps la production d'un état nominatif de propositions pour les officiers, sous-officiers et soldats qui se sont rendus dignes de récompenses, et annonce la création, au fort, d'un nouveau bataillon de quatre compagnies, qui, réuni au 2e bataillon du 86e de ligne, formera le 54e régiment de marche, sous le commandement du lieutenant-colonel Bousquet.

26 NOVEMBRE 1870.

On a notifié, aujourd'hui, les nominations dans le 54ᵉ régiment de marche, qui se trouve ainsi définitivement formé. Par suite de cette organisation, tous les officiers, sous-officiers et caporaux sont promus à des grades immédiatement plus élevés.

29 NOVEMBRE 1870.

Par une décision du lieutenant-colonel, Gouverneur de la place, notre chef de bataillon, M. Narrat, est promu au grade de chevalier dans l'ordre de la Légion d'honneur.

Cette promotion, à laquelle nous applaudissons de tout cœur, n'est pas la seule : le Gouverneur a étendu ses libéralités à onze autres personnalités de la place. Sa distribution est diversement appréciée. Nous nous ne voulons pas être l'écho des critiques qui nous parviennent, car nous ne pourrions l'être qu'en étant désobligeants pour ceux qui ont ressenti les effets des libéralités de M. Teyssier.

Nous déplorons seulement la part mesquine faite dans cette distribution au bataillon des douanes.

M. Teyssier a décoré le corps dans la personne du Commandant, c'est très bien ! Mais n'y avait-il pas dans le bataillon d'autres personnalités à récompenser ? Est-ce que les officiers n'ont pas rempli leurs devoirs aussi bien que les officiers de l'armée ? Est-ce qu'ils n'ont pas, avec ceux-ci, partagé, pendant les trois bombardements, les mêmes dangers, subi les mêmes souffrances ?

C'est incontestable ; eh bien, alors, pourquoi M. le Gouverneur n'a-t-il pas accueilli les propositions qu'il a provoquées ?

Parce que M. Teyssier, soldat avant tout, ne voit des mérites, des services rendus que dans le militarisme. Il n'a pas voulu comprendre que le corps des douanes accomplissait à la citadelle des services essentiellement exceptionnels ; que ces services, nés d'une mesure spéciale, constituaient pour la douane de véritables événements de guerre, et qu'à ce titre, les officiers, dont la majeure partie avaient acquis des droits à la retraite, étaient dignes d'une récompense spéciale dont les motifs pouvaient incontestablement être puisés dans la spécialité même de la mesure qui les rivait au fort.

Mais non! ces services de quelques mois ne pouvaient, aux yeux de M. Teyssier, être comparés à ceux de longue haleine passés dans les garnisons et dont peuvent exciper les officiers de l'armée, pour lesquels dix ou quinze ans de présence sous les drapeaux sont pris en grande considération, tandis qu'il ne compte pour rien les 25 ou 30 années de laborieux services accomplis par les officiers de douanes. Ce n'était pas la peine, en vérité, d'astreindre le commandant du 4e bataillon à produire des propositions puisqu'elles devaient rester sans effet.

Il est évident pour nous que M. Teyssier, dont nous avons loué la loyauté et le caractère, s'est égaré dans ses appréciations. Il le comprendra quand le jour de la justice aura sonné et que des esprits mieux éclairés de la situation seront appelés à faire la part des services rendus à la patrie par chacun de ses défenseurs dans la limite de ses attributions.

Par le même arrêté du 29 novembre, cinq médailles militaires ont été accordées au brigadier Wilhelm, au sous-brigadier Kusch, et aux préposés Franck, Rinck et Grandemange du 4e bataillon des douanes.

3 DÉCEMBRE 1870.

L'adjudant-major des douanes, M. Thilmont, un sergent, un caporal et deux guides, partis du fort pour aller à Sarreguemines où des affaires réclamaient leur présence, ont été arrêtés à Rhorbach par les gendarmes bavarois et faits prisonniers. Cette arrestation a été opérée à la suite d'une dénonciation faite par un agent secondaire de la gare de Rhorbach (1).

7 DÉCEMBRE 1870.

M. Blanchet, membre de la commission municipale, est, après une absence de 17 jours, rentré au fort, porteur d'une certaine somme d'argent que le gouverne-

---

(1) Le 17 janvier 1871, M. Thilmont est rentré au fort après s'être échappé des mains de l'ennemi.

ment de la Défense nationale lui a confié pour le besoin de la place.

13 DÉCEMBRE 1870.

Le gouvernement de la défense de Tours a promu au grade d'officier dans la Légion d'honneur, M. Rossin, capitaine d'artillerie en retraite, chevalier de cet ordre.

Cette récompense est un juste témoignage des services réels rendus par M. Rossin dans l'intérêt de la défense du fort. Nous reproduisons avec satisfaction l'ordre de la place par lequel la promotion de M. Rossin a été portée à notre connaissance :

« Par décret du 3 décembre 1870, M. Rossin, capitaine d'artillerie en retraite, est promu au grade d'officier de la Légion d'honneur pour avoir organisé la défense du fort de Bitche et pour les services rendus depuis.

« Le Commandant de la place est heureux de porter à la connaissance de tous, l'envoi par le ministre d'une récompense si bien méritée, à ce brave et digne officier qui a bien voulu quitter le calme de sa retraite pour s'associer à notre défense dans un moment où la place ne pouvait disposer d'un seul officier d'artillerie.

« Bitche, le 13 décembre 1870.

« Le Commandant de la place,

« Signé : Teyssier. »

Oui, le capitaine Rossin a organisé la défense du fort. Nous l'avons vu se produire partout, dans le calme comme dans le danger, et le capitaine Jouart, commandant l'artillerie en titre, que faisait-il pendant ce temps-là ? Nous n'en savons rien ; nous constaterons seulement qu'il n'est pas toujours demeuré inactif au fort, et qu'on l'a vu souvent, derrière les remparts, à l'affût des Prussiens inoffensifs se montrant à l'horizon.

14 DÉCEMBRE 1870.

Il n'est bruit, depuis plusieurs jours, que d'ordres donnés par le roi Guillaume, ayant pour objet de prendre le fort.

A la suite de ces informations, de nouveaux déménagements se produisent dans la ville et nous voyons tous les jours effectuer l'enlèvement de mobiliers, tristes épaves du dernier incendie.

Cependant, aucun préparatif du côté de l'ennemi ne semble indiquer son intention de procéder à un 4e bombardement.

18 DÉCEMBRE 1870.

Le capitaine Gache, du 49e, qui avait obtenu, comme MM. Villebois du 99e, et Baron du 48e, l'autorisation de sortir de la place pour se rendre à l'armée, revient de Lille porteur, pour le fort, d'une somme d'argent avec l'ordre de faire partir, pour compléter les cadres de l'armée du Nord, les officiers réfugiés à Bitche depuis la déroute de l'armée battue par la force numérique, à Wœrth, Freischwiller et Reischshoffen.

Le Conseil de défense, réuni pour statuer sur cette mission, désigne vingt-sept officiers de diverses armes, parmi lesquels nous signalerons, comme les plus empressés, les capitaines Morlet, du 27e, Camusat, du 30e; les capitaines d'artillerie de La Motte, Poulleau et Lesur; M. Chantereau, capitaine au train; les lieutenants Dessirier, du 2e zouaves, Merlin et Dabrin; les sous-lieutenants Pélissier, du 12e chasseurs à cheval, et Labarbe, du 30e de ligne; les docteurs Morache, Hérior, Rolerdeau et Francoz; les officiers d'administration Potelet, Truc et Frey. Ce dernier, que nous avons intimément connu, et dont la courtoisie égale la bravoure, ne recule pas, malgré son âge avancé, devant les difficultés d'un éloignement à travers les colonnes ennemies. Comme ses camarades, il prend un déguisement en rapport avec sa position d'emprunt, et, avec l'aide d'un guide sûr et dévoué, il parvient à franchir sans encombre les lignes prussiennes.

Nous devons ici rendre hommage au concours que quelques habitants de Bitche ont prêté à nos officiers pour favoriser leur départ. Nous signalerons particulièrement le dévouement de Mme Bornique, qui a plusieurs fois affronté le danger pour soustraire à la vigilance de l'ennemi les officiers qu'elle escortait, en les désignant tantôt comme mari, tantôt comme frère.

Le départ des officiers accompli, aucun incident ne vient rompre la monotonie de notre position ; depuis quelque temps déjà l'ennemi nous laisse dans une quiétude relative. L'investissement n'est en quelque sorte que nominal. La circulation est libre sur presque tous les points, et n'était la bravade de quelques patrouilles qui se montrent parfois à portée de canon, on ne se douterait guère de la surveillance dont nous sommes l'objet.

Une fois par semaine, un officier parlementaire se présente aux portes pour nous remettre et rapporter les correspondances particulières, et le temps s'écoule ainsi sans d'autres ennuis que ceux résultant de notre internement, ce qui fait dire au dehors, bien à tort sans doute, qu'une entente s'est établie entre la place et les assiégeants.

Nous arrivons ainsi aux premiers jours de février 1871, dans lesquels nous apprenons que M. Jules Favre a signé, le 28 janvier, un armistice avec M. Bismarck et que les électeurs sont appelés dans leurs comices pour élire une Assemblée.

La place de Bitche est-elle comprise dans cet armistice? En l'absence de toute instruction, le colonel, M. Teyssier, fait demander au commandant des postes ennemis un sauf-conduit pour envoyer un officier auprès de notre gouvernement. Cette demande n'est pas accueillie, et le colonel Kholhermann fait annoncer à la place l'envoi prochain d'un mandataire de Paris pour traiter des conditions de l'armistice en ce qui touche notre citadelle.

Le temps s'écoule... Le colonel de place, se lassant d'attendre, prend le parti, après en avoir délibéré en conseil de défense, d'envoyer un émissaire à Bordeaux. Le capitaine Mondelli, qui avait déjà rempli une mission auprès de la délégation de Tours, est chargé du même office auprès du gouvernement de Bordeaux.

27 FÉVRIER 1871.

Par une dépêche télégraphique adressée au Colonel de place par l'intermédiaire de l'état-major prussien, le ministre de la guerre prescrit de suspendre les hostilités.

7 MARS 1871.

M. Mondelli, capitaine au 54e de marche, est de retour de sa mission auprès du gouvernement de Bordeaux. Il a apporté des instructions du ministre de la guerre, et a annoncé l'arrivée prochaine d'un agent spécial pour régler les conditions de l'évacuation de la place.

10 MARS 1871.

Hier, à dix heures du soir, le colonel Kholhermann a envoyé à la place un ordre du général de Moltke portant sommation d'avoir à évacuer la forteresse dans un bref délai, en vertu de l'article 1er du traité de paix.

Le colonel de place a répondu à cette sommation qu'il n'avait pas encore reçu d'instruction de son gouvernement, et qu'il devait forcément attendre pour effectuer l'évacuation.

Des instructions sont demandées par le télégraphe et l'intermédiaire de l'état-major prussien.

15 MARS 1871.

Aujourd'hui, une cérémonie, aussi touchante que flatteuse pour les défenseurs de Bitche, s'est accomplie au camp retranché, où étaient représentés, par de forts détachements, les tirailleurs algériens, la gendarmerie, le bataillon des douanes, l'administration militaire, le corps des pompiers et la garde nationale de Bitche.

Il s'agissait de la réception d'un drapeau offert par la ville à la garnison.

Ce drapeau, aux couleurs nationales, frangé d'or, brodé et confectionné par les mains délicates de la plus belle moitié des habitants, chez laquelle la fibre patriotique est aussi vibrante que dans les cœurs mâles de la cité, ce drapeau, disons-nous, porte cette inscription :

LA VILLE DE BITCHE
AUX DÉFENSEURS DE LA FORTERESSE
DU 6 AOUT 1870 AU 12 MARS 1871.

Il était une heure après midi... Les tambours et clairons ayant sonné au drapeau,

M. Lamberton, maire provisoire, s'est placé à deux pas en avant de l'étendard, et a prononcé l'allocution suivante :

« Colonel,

« Au nom des habitants de Bitche, j'ai
« l'honneur de vous offrir ce drapeau pour
« les braves défenseurs de la ville. Je suis
« convaincu qu'ils le défendront digne-
« ment.

« Officiers, sous-officiers et soldats,

« Au moment de notre séparation, je vous
« serre la main à tous ; je ne vous dis pas
« adieu, mais bien au revoir, à bientôt !

« Vive la France ! Vive le colonel Teys-
« sier ! Vive la garnison de Bitche ! »

Le colonel de la place, M. Teyssier, s'est avancé vers M. Lamberton pour lui donner l'accolade, et, se plaçant à quatre pas en avant du drapeau, il lui a fait le salut militaire ; puis, se tournant vers la troupe, il a prononcé un speech dont voici à peu près les termes :

« Officiers, sous-officiers et soldats,
« Je vous ai fait connaître par mon ordre
« du jour (1) les sentiments, excessivement

---

(1) Nous reproduisons cet ordre du jour aussi remarquable par sa simplicité que par la pureté des sentiments qui l'ont inspiré :

« Officiers, sous-officiers et soldats de la garnison,
« vous êtes appelés à vous réunir aujourd'hui, à une
« heure de l'après-midi, au camp retranché, pour rece-
« voir des délégués de Bitche un drapeau qui vous est
« offert par les habitants de la ville, et que leurs filles
« ont voulu broder de leurs mains. Ce drapeau, glorieux
« témoignage de votre courage et de votre patience
« pendant les sept mois de siége et de blocus de la
« place, sera présenté au chef de l'Etat auquel je deman-
« derai qu'il soit déposé au musée d'artillerie jusqu'au
« jour où il pourra être ramené ici par une armée fran-
« çaise valeureuse et triomphante.
« C'est un gage que la France voudra restituer un
« jour à une population si malheureuse, si dévouée et si
« éminemment française de cœur et d'âme sur laquelle
« le joug de l'étranger va s'appesantir.
« Conservons tous le souvenir de cette cérémonie
« touchante pour la faire passer au besoin comme une
« tradition dans le cœur de nos enfants. N'oublions ja-

« flatteurs pour nous, qui avaient conduit
« la ville de Bitche à nous offrir un drapeau
« national. Nous devons accepter ce
« drapeau avec d'autant plus de reconnais-

« mais que nous allons quitter des Français, des frères
« dont le cœur reste plein de foi dans l'avenir

« Les troupes seront toutes à pied et sans sac, elles
« seront disposées de manière à former un losange et
« dans l'ordre suivant, en tournant le dos à la ville et
« contournant le camp retranché : artillerie, gendar-
« merie, 54e de marche, tirailleurs, infirmiers, douane,
« cavalerie, train. Après sa réception, le drapeau sera
« placé au 1er bataillon du 54e de marche. Il sera porté
« par un officier de ce corps, et sa garde sera compo-
« sée au 1er rang : d'un artilleur à droite et d'un gen-
« darme à gauche ; au 2e rang, d'un tirailleur, d'un
« douanier et d'un cavalier, tous du grade de caporal
« ou brigadier.

« La garnison défilera ensuite devant MM. les délé-
« gués de la ville et rentrera, sans s'arrêter, dans ses
« logements.

« Une compagnie du 54e de marche, casernée au châ-
« teau, reconduira le drapeau chez le commandant de la
« place où il restera déposé en attendant les disposi-
« tions à prendre pour le drapeau de la garnison.

« Bitche, le 15 mars 1871.

« *Le Commandant de la place,*
« Teyssier. »

« sance que l'offre, dans les circonstances
« où elle se produit, peut avoir des effets
« plus douloureux en attirant sur les ha-
« bitants une oppression plus grande, en
« rapport avec les sentiments de patrio-
« tisme et de nationalité qui les animent,
« et dont ils nous donnent un aussi écla-
« tant témoignage; soyons donc, à tout
« jamais, reconnaissants envers la ville de
« Bitche.

« Vivent les habitants de Bitche !! »

Cette acclamation, mille fois répétée par la garnison, est immédiatement accueillie par celles de : Vive le Commandant! vive la France! vive la République! que profèrent, sur le ton le plus accentué, les pompiers et la garde nationale.

Le drapeau est remis au 54e de marche. Les troupes disposées, sous le commandement du lieutenant-colonel Bousquet, en colonnes serrées, commencent le défilé.

Chaque colonne, en passant devant le maire et la municipalité, fait entendre des vivats en faveur de la ville.

Après le défilé, le lieutenant-colonel du 54ᵉ s'avance vers M. Lamberton et, lui tendant la main, s'exprime en ces termes :

« Monsieur le Maire, nous acceptons
« avec reconnaissance le drapeau de la
« ville de Bitche, nous le conserverons
« précieusement, et je jure, au nom de tout
« le régiment, que, dans un avenir pro-
« chain, ne fussions-nous qu'un, nous
« l'apporterons dans cette ville si émi-
« nemment patriotique et attachée à la
« France ! »

« — Que Dieu vous entende, colonel, ré-
« pond M. Lamberton, et exauce vos vœux
« qui seront toujours les nôtres ! »

Ces simples paroles, dites avec l'accent

de la plus douloureuse résignation, impressionnent vivement les assistants dont la plupart laissent échapper des larmes d'attendrissement.

Ainsi se termine cette cérémonie pleine de regrets pour tous, pleine de douleurs pour ces malheureux Bitchois qui, dans quelques jours, demain peut-être, seront sous l'oppression de nos implacables ennemis.

16 MARS 1871.

Un punch a été offert dans la soirée par la garnison à la commission municipale.

Cette réunion toute fraternelle a été ce qu'elle devait être : pleine de tristesse, comme les souvenirs auxquels elle se rattachait !!! Les toasts échangés de part et d'autre, sans manquer de vigueur, ne pouvaient que se ressentir des souffrances morales de nos malheureux hôtes.....

22 MARS 1871.

Des événements bien imprévus mettent en émoi la garnison et la population. Ces événements sont consignés dans l'ordre du jour de la place, que nous transcrivons littéralement :

Ordre de la place.

« Le commandant de la place porte à la
« connaissance des troupes sous ses ordres
« et à celle des habitants les faits sui-
« vants :

« Hier, à 2 heures et demie, un parle-
« mentaire a apporté une dépêche du Mi-
« nistre de la guerre, ainsi conçue :

« *Vous devez rendre intact aux Prus-*
« *siens le matériel de siège de la place. Je*
« *vous fais parvenir des instructions écri-*
« *tes à ce sujet par l'intermédiaire de l'é-*
« *tat-major prussien.* (Sans signature.) »

« Ce matin à 6 heures, le colonel com-
« mandant les troupes allemandes devant
« Bitche a fait demander au commandant
« de la place une entrevue qui lui a été
« accordée, pour 9 heures, dans la maison
« située près du chemin de fer.

« Dans cette entrevue, le commandant
« des troupes allemandes a traduit quel-
« ques mots d'une dépêche qu'il dit avoir
« reçue du gouverneur de l'Alsace.

« La garnison devait quitter la place
« sans délai.

« Le commandant de la place devait être
« retenu et rendu responsable du matériel.

« Si ces conditions n'étaient pas accep-
« tées, les hostilités seraient reprises dans
« quinze heures.

« Il a été répondu que nous avions pris
« toutes nos dispositions pour l'évacuation
« de la place, et que nous n'attendions plus
« que l'arrivée des instructions annon-
« cées.

« L'entrevue s'est ainsi terminée et a eu
« lieu en présence des capitaines, MM.
« Jouart et Ravenel.

« Déjà, avant l'entrevue, les Allemands
« avaient empêché les habitants de sortir
« de la ville, en occupant les routes par des
« postes à une petite distance de la place.

« Ce procédé est d'autant plus étrange,
« que les Allemands n'ignoraient pas nos
« préparatifs de départ.

« Dans ces circonstances, le conseil de
« défense a délibéré et émis l'avis qu'il ne
« fallait pas commencer les hostilités, mais
« attendre l'attaque de l'ennemi, afin de
« lui laisser la responsabilité entière de la
« rupture de la paix.

« Une protestation de nos intentions pa-
« cifiques devait être adressée aussi au
« commandant des troupes allemandes, en
« même temps que des instructions seraient
« demandées à Versailles.

« En conséquence, la protestation et la

« dépêche ont été envoyées aussitôt. Il faut
« dans tous les cas se tenir prêt à repous-
« ser toute attaque de vive force, et ména-
« ger les approvisionnements.

« Bitche, le 22 mars 1871.

« *Le commandant de la place,*

« Signé : Teyssier. »

Le colonel Kholhermann a envoyé, vers cinq heures du soir, un parlementaire porteur d'une lettre contenant l'accusé de réception des dépêches relatées dans l'ordre ci-dessus et mentionnant que la dépêche destinée au ministre, à Versailles, avait été télégraphiée et que, quant à celle le concernant, il n'y aurait pas égard, devant exécuter les ordres formels qu'il avait reçus.

Le conseil de défense s'est de nouveau réuni pour statuer sur la situation.

Ce conseil, après avoir pesé tous les inconvénients de la résistance, devenue d'ailleurs impossible par suite du désarmement du fort, décide à l'unanimité qu'il y avait lieu d'adhérer à l'ultimatum du commandant des forces allemandes. Immédiatement on envoie un parlementaire au camp ennemi pour demander une entrevue, afin de régler les conditions de l'évacuation.

23 MARS 1871.

Cette entrevue a eu lieu ce matin à 9 heures et demie, voici les conditions de l'évacuation.

La place serait évacuée dans les quarante-huit heures. A cet effet, le colonel Kholhermann mettrait à la disposition de la garnison le matériel de transport nécessaire pour la diriger sur Nancy par la voie ferrée.

Le bataillon des douanes serait licencié dès le 26 mars, et les hommes, en for-

mant l'effectif, renvoyés dans leur foyer, en attendant de pouvoir rejoindre la résidence qui leur serait ultérieurement assignée sur la nouvelle frontière.

Le commandant de la place resterait au fort pour faire la remise du matériel de siége.

A la suite de ces arrangements, le colonel Teyssier fait paraitre l'ordre de jour suivant:

« Officiers, sous-officiers et soldats,
« Depuis l'adoption des préliminaires de
« paix par l'Assemblée nationale, nous sa-
« vions que nous étions appelés à quitter
« Bitche d'un instant à l'autre, n'atten-
« dant pour partir qu'un ordre officiel qui
« n'est point encore arrivé, malgré le zèle et
« le dévouement infatigables de M. le capi-
« taine Mondelli, qui s'est remis en route
« pour la quatrième fois.

« Après plusieurs sommations, l'armée
« allemande, qui tient absolument à occuper
« Bitche, a fait une démonstration signi-
« ficative en investissant la place de nou-
« veau et en la menaçant d'un quatrième
« bombardement.

« La reprise des hostilités était immi-
« nente et il n'était point possible d'en
« calculer les suites et la portée, non pour
« nous dont le rôle resterait le même, mais
« pour la France.

« Faisant taire des répugnances person-
« nelles et fortifié par l'avis unanime du
« conseil de défense, le commandant de la
« place a consenti — non sans peine — à
« une convention d'évacuation d'après la-
« quelle les troupes commenceront à quit-
« ter Bitche demain, pour être reconduites
« dans l'intérieur de la France.

« Le commandant de la place restera à
« Bitche jusqu'au règlement définitif des
« affaires de la place ; mais, avant votre

« départ, il veut vous laisser un nouveau
« témoignage de sa reconnaissance pour le
« concours que chacun de vous a apporté
« à l'œuvre commune de la défense de la
« place. Il remercie en particulier les
« membres du conseil de défense, dont les
« avis éclairés et unanimes l'ont aidé à
« supporter le poids de la responsabilité
« dans les circonstances difficiles.

« Les chefs de corps et de service ont
« tous rivalisé de zèle et d'intelligence
« pour assurer à leurs subordonnés, ainsi
« qu'à leurs administrés, tout le bien-être
« et tout le confortable compatibles avec
« les difficultés de la situation.

« Tous les corps, toutes les armes ont si
« bien concouru au même but, que je ne
« saurais leur adresser des éloges en par-
« ticulier.

« Un peu plus tard, chacun de nous sera
« fier de pouvoir dire : « J'étais de la gar-
« nison de Bitche ! » Le drapeau qui nous

« a été donné comme gage de reconnais-
« sance par les habitants de Bitche résume
« cette pensée, et je voudrais que chaque
« corps pût le porter à son tour.

« La garnison partant en chemin de fer
« en plusieurs convois, ce drapeau sera
« porté au 54e de marche, qui est le corps
« le plus nombreux et composé des élé-
« ments les plus divers.

« Braves camarades, je vous serre la
« main à tous, et je vous dis : Au revoir !

« Bitche, le 23 mars 1871.

« *Le commandant de la place,*

« Teyssier. »

24 MARS 1871.

La 1re colonne, forte d'environ 1,200 hommes appartenant au 54e de marche, est partie dans l'après-midi, sous le commandement du lieutenant-colonel Bousquet, avec armes et bagages, et musique en tête.

Un grand nombre d'habitants de Bitche se sont rendus à la gare pour recevoir les derniers adieux des troupes en partance.

25 MARS 1871.

Le bataillon des douanes a été licencié. Tout le personnel a reçu individuellement un sauf-conduit (1), et, vers une heure du soir, il n'y avait plus un seul douanier dans Bitche, tous heureux et empressés d'aller

---

(1) Le sauf-conduit était conçu en ces termes :

SAUF-CONDUIT.

D'après les conditions de l'évacuation de la place de Bitche du 23 mars 1871, le 4ᵉ bataillon actif de la douane sera licencié à la date du 25 mars et les douaniers seront libres de rentrer dans leurs foyers pour y attendre une destination ultérieure.

En suite de quoi, M. Pradal (Casimir), sous-inspecteur, est autorisé à se rendre à Sarreguemines (Moselle).

Bitche, le 24 mars 1871.

Vu par le colonel du 4ᵉ rég^t d'infanterie bavaroise,   *Le lieutenant-colonel commandant la place,*
KROLLERMANN.   TEYSSIER.

rejoindre leurs familles, après 7 mois et 25 jours de souffrances physiques et morales.

Le restant de la garnison a quitté Bitche dans la soirée, et le 26 mars, les Allemands ont fait leur entrée dans cette ville à 9 heures du matin : heure douloureuse où le dernier drapeau de la France a cessé de flotter dans la Lorraine !

Ainsi s'est terminé, dans la forteresse de Bitche, un des épisodes le plus remarquable de la campagne de 1870-1871 : la place, une des premières investies par l'armée allemande, a résisté à trois bombardements et tenu en échec, depuis le 8 août, des forces relativement considérables.

Honneur à ses défenseurs ! Honneur aussi aux habitants de Bitche qui ont supporté, avec un patriotisme vraiment héroïque, l'anéantissement de leur fortune, désastre moins sensible pour eux que la perte de leur nationalité !

Le 4ᵉ bataillon des douanes a fait son devoir. Les officiers, sous-officiers et préposés ont bien mérité de la France.

Dès le début de la campagne, réquisitionnés par l'état-major du général de Failly, les agents des douanes ont rendu, comme éclaireurs, des services signalés. On n'a jamais fait en vain appel à leur dévouement, et quelque péril qu'ils dussent affronter, on était certain de les trouver à la hauteur de leur mission.

C'est ainsi que le général Bresson a pu envoyer à Metz le douanier Diéderich qui, au péril de sa vie, a porté, à travers les colonnes ennemies, une dépêche de première importance au major-général de l'armée du Rhin.

C'est ainsi que, sous le prétexte spécieux qu'ils avaient la vue plus exercée, surtout pendant la nuit, les douaniers ont eu l'honneur de garder les postes les plus avancés, et partant, les plus exposés au feu de l'ennemi.

C'est ainsi que, par la raison de certaines aptitudes que ne possédaient pas les soldats de la ligne, ils ont pu fournir, proportionnellement, des sommes considérables de travail.

C'est parmi eux que la place recrutait les hommes de confiance pour la garde des cantines et des épaves de l'incendie.

C'est parmi eux que le génie a trouvé des mineurs pour creuser le sol, afin d'établir des communications souterraines entre les diverses sections du fort.

Enfin, c'est encore parmi eux que l'intendance militaire a pu recruter des commis aux écritures.

Dans un rapport administratif, nous avons rendu compte des services du 4e bataillon pendant le siége de Bitche, et s'il ne nous a pas été possible de désigner nominativement tous les agents qui, à divers degrés, méritaient une mention spéciale, nous avons au moins appelé la bienveillance de l'administration sur ceux qui se sont plus particulièrement distingués. Nous les désignons :

MM. Genin, capitaine ;
Jeannot, id. ;
Thimont, lieutenant, adjudant-major ;
Laurent, lieutenant ;
Mayer, id. ;
Wilhelm, brigadier ;
Drouot, id. ;
Menetrier, id. ;
Pezet, id. ;
Monsieux, id. ;
Halot, id. ;
Chartier, id. ;
Gerard, id. ;

MM. Muller, brigadier;
Bouche, id.;
Crapez, sous-brigadier;
Rinck, id.;
Dupond, id.;
Vaille, id.;
Béard, id.;
Deschamps, id.;
Chiltz, id.;
Redlet, id.;
Huguet, préposé;
Muller, id.;
Boubel, id.;
Porta, id.;
Porte, id.;
Bouckenhein, préposé;
Gros, id.;
Robert, id.;
Schneider, id.;
Diederich, id.;
Becker, id.;
Kinsius, id.;

MM. Lafontaine, préposé ;
Felt, id. ;
Gernelle, id. ;
Zimmermann, id.

Le 4ᵉ bataillon a fait son devoir, nous l'avons déjà dit. Il a aussi payé son tribut à la patrie : quatre douaniers sont morts au fort; dans le dernier bombardement de la place, deux hommes ont été tués et sept hommes plus ou moins grièvement blessés. Ceux-ci ont été tous, croyons-nous, décorés de la médaille militaire.

Le capitaine Genin et le lieutenant Laurent ont été, plus tard, nommés chevaliers de la Légion d'honneur.

ERRATA.

Page 35, 2e, 14e et 20e lignes, lisez : *de la Motte*, au lieu de : *Lamothe*.

Page 113, 6e ligne, lisez : de *ces* défenseurs, au lieu de : *ses*.

Page 152, trois dernières lignes, lisez : *d'envoyer à Metz pour rechercher avec le Directeur, M. Willemin*, les moyens de l'améliorer.

www.ingramcontent.com/pod-product-compliance
Lightning Source LLC
Chambersburg PA
CBHW061304110426
42742CB00012BA/2052